[德] 汉斯-埃哈德·莱辛 著　萧律语 译
Hans-Erhard Lessing

自行车
一部文化史

Das Fahrrad:
Eine Kulturgeschichte

·北京·

图书在版编目（CIP）数据

自行车：一部文化史 /（德）汉斯－埃哈德·莱辛著；萧律语译. — 北京：文化发展出版社，2023.3
ISBN 978-7-5142-3669-9

Ⅰ．①自… Ⅱ．①汉… ②萧… Ⅲ．①自行车-历史-世界 Ⅳ．① U484-091

中国版本图书馆 CIP 数据核字（2022）第 195324 号

著作权合同登记号　图字：01-2022-0456
Author:Hans-Erhard Lessing
Title:Das Fahrrad:Eine Kulturgeschichte
Copyright:© 2017 Klett-Cotta-J.G.Cotta'sche Buchhandlung Nachfolger GmbH,Stuttgart
Chinese language edition arranged through HERCULES Business & Culture GmbH,Germany

自行车：一部文化史

著　　者：（德）汉斯－埃哈德·莱辛
译　　者：萧律语

出 版 人：宋　娜			
责任编辑：尚　蕾		责任校对：岳智勇	
责任印制：杨　骏		封面设计：云间 book	

出版发行：文化发展出版社（北京市翠微路 2 号 邮编：100036）
发行电话：010-88275993　010-88275711
网　　址：www.wenhuafazhan.com
经　　销：全国新华书店
印　　刷：天津嘉恒印务有限公司

开　　本：787mm×1092mm　1/32
字　　数：145 千字
印　　张：9.25
版　　次：2023 年 3 月第 1 版
印　　次：2023 年 3 月第 1 次印刷

定　　价：58.00 元
Ｉ Ｓ Ｂ Ｎ：978-7-5142-3669-9

◆　如有印装质量问题，请与我社印制部联系　电话：010-88275720

很少有一种人类使用过的器物曾像自行车一样在社会范围内引发如此革命性的变化。

——《1900年美国人口普查报告》

目录

前言	1
从溜冰到骑德莱斯车	4
从轮滑到新的热潮	45
重塑自行车	89
从高轮车到低轮车	124
经济方面的影响	155
新女性、宗教、健康	181
20世纪	218
历史上著名的发明权造假	253
图片来源	256

前言

距离自行车出现在这个世界上已经过去两百年了,但对今天的我们来说,它的历史似乎并没有多大的吸引力。然而,情况并非总是如此。在19世纪90年代,当汽车在形态上还类似于自行车的时候,人们就对自行车的历史产生了兴趣,尤其是地方的自行车俱乐部在街道上用历史悠久的老式自行车进行车队巡礼时,场面非常壮观。当时,西方国家之间正在进行经济战,并试图利用疑点重重的传说故事,在自行车技术(在当时可算得上是一项高科技)上争夺发明权。

但后来,随着其价格的下降,自行车也逐渐丧失了原有的地位,前卫派人士转而拥抱摩托车和汽车。在经济高效的批量生产中,自行车牺牲了车型的多样性,萎缩为并不精致的公路自行车。由于比赛要求运动成绩具有可比性,体育官员们对"器材"(这是他们对自行车的称呼)实施标准化,使其具有统一的外观。不符合标准的设计会被剥夺参赛资格。彼时人物传记中的回忆桥段大多洋溢着对自行车的感激之情——它在青年时期给人带来新鲜的自由感,但未能形成像摩托车和汽车行业那样的品牌历史俱乐部。所以正如长久以来的看法,大众交通的历史是从载具得到机动化才开始的。

随着大城市和大学城中出现新一轮的自行车热潮,现状可能很快就会改变。富有设计感的自行车正在成为新的个性表达方式,新的商业分支可以为客户提供根据个人品味定制的自行车。此外,自石油危机以来,人们对自行车历史的兴趣被重新唤醒。各个老式自行车俱乐部,如英国的"老式自行车俱乐部"(Veteran-Cycle Club)、美国的"自行车手"(The Wheelmen)和德国的"历史自行车协会"(Historische Fahrräder e. V.),纷纷创办了自己的俱乐部杂志。自1990年以来,国际自行车历史会议每年都在不同的国家举行。

但需要弥补的差距是巨大的。虽然经过修订的技术史已经成形,但世界范围内仍然缺乏利用当时的自行车报纸以及其他历史刊物作为资料来源的综合性文化史研究。在社会历史学领域,美国比德语国家取得了更多的进展。历史上的报纸正逐渐得到数字化处理;于是,自行车文化也能成为许多历史研究、硕士和博士论文的首选主题。在自行车发明 200 周年之际，这本书旨在通过有针对性的洞察和概述，向读者介绍迄今已知的自行车历史，以及还有哪些历史空白仍有待我们去探究。在我看来，自行车本来就比其他任何交通工具都更值得得到科普。

我们不妨看看意大利人类学家保罗·曼特伽扎在 1893 年以多么高涨的热情描述了这架"自由机器"：

"自行车运动的诞生标志着人类思想战胜了物质惯性。两个几乎不接触地面的轮子，带着你飞向远方，仿佛插上了翅膀，速度之快令人目眩神迷；它无须一边遭受鞭打一边汗如雨下的牲畜来牵引，不会产生蒸汽机那样的可恨噪声——一个平衡、轻盈而又简约的奇迹——把力量最大化，把摩擦最小化——一个兼具速度和优雅的奇迹——车上的人想成为天使，不再踏足陆地——墨丘利，从希腊的古墓中苏醒，活生生地出现在我们面前——化身成为现代的自行车手。"

2017 年 1 月写于科布伦茨
汉斯－埃哈德·莱辛

从溜冰到骑德莱斯车

早期的北欧人在制作溜冰鞋时,会将合适的动物骨头绑在鞋底,例如猪的尺骨——炖猪肘因此得了"Eisbein"(字面意思为"冰腿")这么一个贴切的名称。近代欧洲曾经出现过一段小冰河期,由此造成了漫长的冬季,并使溜冰成为一项全民运动,尤其是在荷兰——荷兰艺术家们氛围感十足的冬季绘画可以证明这一点。在荷兰,甚至连女性也被允许参加速滑运动,而在德国和法国,女性则因需要保持举止得体而被这项运动拒之门外。

荷兰人是如何进行这种高速状态下的娱乐活动的呢?遗憾的是,在18世纪的荷兰报纸上几乎找不到任何与此有关的报道。不过1788年的《哥达宫廷日历》(*Gothaische Hofkalender*)为我们提供了观察荷兰溜冰运动的独特视角:

"在本世纪中叶,即使是出身显贵的女士也拥有非常娴熟的溜冰技巧。冰面上的男女人等熙熙攘攘。人们经常能看到一等一的贵妇人在两个农民的护持下滑过覆盖着厚厚冰层的草地,或者颇有地位的年轻绅士伸手搀扶一位农妇。得到允许来为女士穿上步行鞋被视作一种特别的恩惠,女士会当场用一个吻回报这种殷勤。但如今已经很少有人这么做了,荷兰的贵族们不再忠于这个古老的习俗。不过仍有许多女士享受这种乐趣;所有的农村妇女也都会溜冰。"

在那时,溜冰鞋(Schlittschuh)被称作"步行鞋"(Schrittschuh)。在冬季来临、水面结冰时,大自然创造出一个平坦光洁的表面,这是当时的道路修建技术所无法达到的。水的一个物理特性使溜冰成为可能:冰的密度比液态水小,因此总能漂浮在水面上。

假设在一个遥远的星球上有一个贮满液态萘的池塘,那么情景会大不相同。冻结为固体的萘会下沉,然后那个星球上的外星人将不得不在液体中滑行,额外承受没至胸部的液体带来的阻力。

与此同时,荷兰密集的灌溉沟渠和航运河道组成的水网,也为人们用冰鞋开展便利的商业运输提供了条件:

"在荷兰或其他气候寒冷的国家,人们可以看到大量的女性送奶工，头顶盛满牛奶的容器，脚穿溜冰鞋，举重若轻，步履迅捷——她们甚至还能一边赶路一边做女红——前往邻近的城镇，将货物带到当地的市场。生意做完后，她们用同样的交通方式回到自己家中，其间往往要走上好几英里的路。"

女性同时进行多个任务的记载表明，在荷兰很早就形成了一个不依靠马匹的个人交通运输系统。

在18世纪末，这种新兴的冰雪娱乐传至德国。人们很快就在信件中讨论了这一闻所未闻的新事物——例如基尔的革命家卡尔·弗里德里希·克拉默（Carl Friedrich Cramer）写道：

"唉！路人们围看着前几天一个大意者不慎失足淹死的地方。他们一同溜冰、相互竞赛，谈论着关于冰的一切。克洛普施托克向我谈到了他旅行时的见闻，瑞士的情况如何？荷兰的情况如何？那里的女人跟男人一起溜冰！"

弗里德里希·戈特利布·克洛普施托克是德国有名的溜冰诗人。青年时期的歌德也推崇这项运动，他在回忆录中记述了自己与克洛普施托克之间咬文嚼字的争论：

"我们用地道的南德方言谈到了'Schlittschuhen'（字面意思为'雪橇鞋'），他拒绝接受这个提法，认为这个词和雪橇根本不搭界，因为溜冰的人并非踩着冰刀滑行,而是缓步(Schreiten)向前,即像《荷马史诗》中的诸神一样,踩着这些生出翅膀的鞋底在变成陆地的海面上行走。"

尽管溜冰存在危险,体操之父雅恩(Jahn)和体育锻炼的先驱古茨穆茨(GutsMuths)还是大力提倡这项运动。但德国和法国的年轻女性不敢滑冰——正如我所说,大概是出于礼俗风化方面的原因。尽管身着长裙,但在摔倒的情况下,女性仍可能不小心露出脚踝。工匠专门为她们制作了溜冰椅,女士可以坐在上面由她们心仪的男士推着在冰上行走。这里有一段当时巴黎人的记述:

"现在来了一个穿着大礼服的溜冰者,他带着一架桃花心木制成的优雅溜冰椅,局部采用镀金的青铜工艺,椅子上摆着一个带有金色流苏的枕头,别致动人。他邀请在场的女士们入座。其中一人欣然接受,随即像箭一般飞了出去,但还没行到百步,另一架冰橇就与我们优雅的溜冰椅发生了可怕的碰撞,两位女士都摔得鼻青脸肿,被掀翻在地的溜冰椅也摔坏了,还伤及了一些周围正在溜冰的人。不一会儿就有一群惊愕的人围拢过来,看客每时每刻都在增多,娇滴滴的巴黎女士们很腼腆地差人将自己勉力带出人群,并发誓说这是她们最后一次尝试这类活动。一刻钟后,她们又坐着椅子在冰面上滑行，因为男士承诺她们这次肯定不会再出事故。但在接下来的一刻钟里，她们再次人仰车翻——不过这并不重要，人们会习惯这一切的。"

平坦光滑的冰面还为另一种娱乐活动提供了条件，即一种冰橇旋转木马。一根柱子被垂直打入冰中，上面安装了一个转门，长长的绳索从其四端分别延伸到四个平底雪橇上。付一格罗申（欧洲旧时货币单位）的钱币，工人们便会转动转门，冰橇以及坐在上面的人绕着圈疾速滑行。上述活动在当时被称为"转圈"（Radfahren）。这个词由德意志语言保护者于1885年借用，用以取代英语词"cycling"（骑自行车），因此"Radfahren"这个词在近百年前就已经存在，尽管含义与现在完全不同。在追溯词源脉络的过程中，人们还发现了19世纪70年代出现的"自行车旋转木马（Veloziped-Karusselle）"一词，它可能潜移默化地促成了自行车新名称的诞生。

那个时候的剧院还发挥着今天电影院和电视中新闻报道的功能，于是观众们自然希望在戏剧舞台上看到演员模拟溜冰这一时尚的消遣方式。表演者将滚轮简单地固定在溜冰鞋上，这一刻即标志着轮滑鞋的诞生。这在舞台上光滑的木制地板上效果很好，但在户外可就不一样了——至少在那个时候户外表现欠佳。在整个18世纪中，只有四处已知的相关记载，这说明轮滑鞋当时还是很新鲜的事物：据说1743年，在伦敦的德鲁里巷剧院有一出模拟溜冰的剧目；相传是伦敦的机械师约翰·约瑟夫·梅林（John Joseph Merlin）制作了轮滑鞋，并在他的"奇珍异宝博物馆"里展出；而根据1790年的《哥达宫廷日历》的说法，雕塑家兼勋章匠人马克西米利安·洛德维克·范·莱德（Maximiliaan Lodewijk van Lede）在于伦敦进行的一次演示中，穿着轮滑鞋撞上了一面昂贵的壁镜；唯一一处图画记录保存在一名瑞士近卫队士兵的通知单上，1791年他想穿着轮滑鞋从海牙一路英勇地滑到斯海弗宁恩。画中鞋的构造恰似现代的直排轮滑鞋，不同之处在于只有两个轮子，且没有刹车，但无论如何两者之间的亲缘关系是显而易见的。至于这名士兵的计划最终成功与否，人们一无所知，在当时的技术类文献中显然也无法找到关于他所采用的交通方式的说明。

马背上的生活

几个世纪以来，步行或骑马都是人们在陆地上首选的出行方式。如果你想"乘车"去某个地方，这意味着要用马来拉你所坐的车，而且最好得有一条像样的道路。

德语中的"Fahrzeug"（交通工具）一词来源于荷兰语词"vaartuig"，在当地的意思是"船只"。格林兄弟编写的德语词典在1862年出版的"E-Forsche"一卷中以其特有的小写字母简明扼要地描述了"fahren"这个词：

"一个人可以步行，也可以乘坐马车、手推车、轻舟、大船、雪橇、火车等等，这些机械装置可以帮他获得更快的移动速度。"

那时已经有了铁路这一交通方式。然而可能早在新石器时代，人类心中就已经生出了一种耀武扬威的欲望：无所事事地坐在马背上或马车内，将自己凌驾于服务此番出行的同胞之上，甚至还时不时地在这些可怜人面前表现得飞扬跋扈。在20世纪到来前，马匹饲养以及与之相关的大小事宜都已经成为能够深度影响经济的要素，并整体构成了一个重要的行业部门。即便暂且忽略涉及农业的部分，直接同马匹相关的职业就有许多：马车夫、御马者、邮政马车夫、重骑兵、轻骑兵、马贩子、马鞍工匠、骑术教练、马夫、饲养员、马掌工匠、兽医、马匹屠户和剥兽皮的工人。此外还有每年都需要变更车型的马车制造产业：车轮工、铁匠、皮匠、马鞍工匠、座椅工匠、雕花工匠和镀金工匠。

对于城镇居民来说，饲养马匹是相当昂贵的。英国伍尔维奇皇家军事学院的数学讲师托马斯·斯蒂芬斯·戴维斯（Thomas Stephens Davies）曾在19世纪40年代计算过相关成本：

"首先买下一匹马可能要花40英镑，之后的每年至少要花30至40英镑来养它，再加上修建马厩以及雇佣一个照料马匹的人，所花的费用又得翻倍。如果这匹马活了30年，维护费用加上购买成本总计超过1700英镑：这就是一匹马为其主人从头到尾带来的成本。"

在那个时候，一个人可以用这些钱在伦敦买下一整栋房子。王公贵族手下的官员在任职领地为他们的公务用马领取饲料和草料。例如，巴登的一名护林员每年会收到15马尔特（德国旧时谷物计量单位）燕麦、36公担（约合1800千克）干草和100捆稻草以及75古尔登（德国旧时货币单位）的额外补贴。以上这些作为工资的固定组成部分，会在退休时折合成金钱发放。手工业者和其他低收入群体买不起马，只能靠牛、驴、山羊或狗来拉车。此外他们还可以利用出租马车，这种服务相当于今天的出租车。

马匹供应是军事家始终需要面临的一个后勤问题。在自己国家或是盟友的领地上，饲料可以在行军沿途从农民那里买来；而在敌人的领土上，饲料则会被无偿征用。不过这种攫取饲料的方式也可能构成一个不利因素。当拿破仑在其1812年至1813年发动的对俄战争中损失惨重、被迫撤退时，俄国人采取的策略是迫使法国人沿着与他们入侵时大致相同的路线返回，致使法军马匹大量死亡。那一路上，沿途农民的饲料早在拿破仑进军时就已经被掠夺一空了。

肌肉力量的独到运用

像西方国家那样将大面积的土地用来种植燕麦并获取饲养马匹用的草料，而非产出人所需要的粮食作物，这在人口稠密的中国是难以想象的。在那里，人们有时必须在缺少马匹的情况下作战，因此士兵的肌肉力量得到了利用。从公元3世纪开始，每个士兵身前都推着"木牛"，这是诸葛亮发明的一种单轮手推车："人行六尺，牛行四步。载一岁粮，日行二十里，而人不大劳。"与西方的推车不同，这种独轮车的车轮在负载区域下方的中间处，因此推车人的手臂用不着承担整体一半的重量。在西方，独轮车直到12世纪才开始普及，并被欣喜地视作当时类似担架的载具的一种改良版本，后者在当时的建筑工地需由两人一前一后共同搬运。虽然后来手推车车轮取代了站在前面的搬运工,但推车的人仍然要承担一半的载重——还是算不上一件轻松的差事。相比之下,中国士兵几乎没有任何负担,只需要用些许肌肉力量来确保平衡。直到18世纪末,英国的农业生产活动中才出现了带中轮的独轮车。独轮手推车至少已经算是某种单轨载具,即使单个人还无法坐在上面驱动它。在中国,军用独轮车甚至演化为一种广为使用的运输工具,可以载客也可以运送牲畜和货物,直到20世纪才逐渐式微。不少手推车甚至还配备了风帆。因此,中国早在荷兰人普及溜冰之前就拥有了一种机械化的运输解决方案,无需一匹马。

在西方,自中世纪以来就有人试图制造一种靠肌肉力量驱动的车,尽管只是零星的单品,其用途可能是在阅兵式上烘托统治者的伟大形象。一个问题是如何通过车轮进行驱动,要知道在此之前车轮只是在载具上被动地转动。低摩擦驱动需要十分精确的机械装置,其精确程度靠铁匠是无法达到的。那时这一群体被称为"糙铁匠"不无道理。尽管如此,根据汉斯·布尔格迈尔(Hans Burgkmairs)木刻版画的描绘,1508年马克西米利安一世凯旋游行队伍中富丽堂皇的战车还是采用了这种低效的脚踏驱动,目的是要在观众中间引起可以烘托气氛的惊叹，因为车辆的前方没有马匹拉动，与人们的惯常预期完全相反。但当时人们并不打算将这种车投入日常使用。

事实上当时人们已经找到了两种利用肌肉力量驱动车辆的方法。其中一种是为丧失腿部活动能力的残疾人准备的特制轮椅，用操纵杆驱动——就像来自阿尔特多夫的瘸子钟表匠人斯蒂芬·法夫勒（Stephan Farffler）的三轮车。今天常见的在辐条轮上装有扶手的轮椅其实早在1725年就已经由一个名叫安德烈亚斯·盖尔特纳（Andreas Gärthner）的萨克森人发明了。另一种对肌肉力量的独到运用是由奴仆驱动的"花园车"（Gartenphaeton），它可以有效避免马的排泄物对地主家花园内的道路造成污染。这种花园车在英国贵族家庭中特别受欢迎，普法尔茨选帝侯卡尔·特奥多尔1775年在伦敦为他的施韦青根宫殿花园购置了一辆精美的花园车。它一直被存放在那里，几乎从未得到使用，直到普法尔茨于1803年落入巴登手中，避暑庄园内可以移动的物件被一起运往慕尼黑，因为卡尔·特奥多尔已经成为巴伐利亚的统治者。今天，花园车仍然静立在慕尼黑的德意志博物馆中，一把供司机坐的编织椅，后方站着一位需要踩踏两根杠杆的仆人。两根杠杆交替着从盘轮上展开皮制的条带，盘轮通过飞轮与后轮轴相连接。听起来很复杂，但行之有效，并使后来者受到启发。因为我们知晓一则故事：曾经有一位名叫卡尔·德莱斯（Karl Drais）的学生常去施韦青根宫附近的林业局看望他的叔叔，他在那里头一次见到了花园车，也许还能得到机会亲自试一试。这显然是一次关键的经历，使这位富有创造力的学生以及日后的护林员在他叔叔的私人林业学校担任林业教师期间，对陆路运输产生了兴趣。这其中的机缘令人琢磨不透，很难想象如果德莱斯没有受到相应的启发，后来又会如何。也许我们现在仍然会骑着马或坐着马车离开火车站——或许交通工具可通过电子系统控制，但无论如何还是得借助马匹。这时会出现一种极易反驳的陈词滥调：反正汽车会在某个时间点被发明出来。我们姑且假设生活在宾夕法尼亚州和安大略省的阿米什人的教派（崇尚简朴生活，排斥现代文明）已经在整个西方世界占据主导地位，那样的话西方人肯定不会发明汽车。年轻的阿米什男子会在16岁时得到一匹马和一辆带顶棚的轻便马车，然后驾车到邻近的村庄寻找新娘。他的余生都将与这辆马车一同度过。另外，阿米什人最近开始允许孩子穿轮滑鞋，但自行车还没有完全解禁——后者对他们来说已经算是奇技淫巧了。

但让我们回到 18 世纪的日本。在那里，人们通过脚踩翻车或阿基米德式螺旋抽水机来灌溉稻田，这些灌溉技术在当时已经非常纯熟。学者平石久平次时光（Kuheiji-Tokimitu Hisaishi）在一份留存至今的手稿中描述了一种"人力陆行船"（Riku-Hon-Sesya）。图纸上绘制了一种船形的木制载具，有三个轮子，两个后轮通过一种曲轴相连，司机站在曲轴上方，并通过导向装置和滑轮组来操纵前轮。据说在 1729 年往后，正田孟也（Monya Shoda）和武田（Takeda）两位发明家也制造出了类似结构的四轮车，当地人将前者称为"远行人"。然而，平石认为自己的三轮车更好。当面对一个斜坡时，四轮车只能被抬上去，而司机可以驾驶三轮车上坡。平石的手稿扉页上有一首诗，它赞美人在这种车上仅凭舞蹈般的动作就有可能到达任何地方并享受自由的乐趣——这是对"自由机器"发出的最早赞美（自行车在今天的英语世界中仍被称为"自由机器"）。自法国大革命以来，自由也一直是臣民们的政治梦想。在对自由渴望的驱使下，巴黎人征服了贵族的舞厅——那里最初是室内网球场地。这就是我们今天仍然把具有节庆氛围的舞会称为"Ball"的原因，而这种对全新空间和新鲜快乐的渴望同样表现在溜冰运动中。

林业教师德莱斯与他的机器车

对于汽车杂志的读者来说，一提到"机器车"（Fahrmaschine）这个熟悉的词通常就会联想到疾速轰鸣、令人无比向往的跑车。去过意大利的人一定记得，汽车在那里从一开始就被称为"la macchina"（字面意思为"机器"）。尽管这个词并未被收录进格林兄弟的词典，它却与1813年发生的莱比锡战役一样古老。

莱比锡战役已经过去了11天，此时一位来自巴登的名叫卡尔·德莱斯的林业教师写信给大公卡尔一世（彼时后者27岁，比德莱斯小一岁），说他想凭借自己最新的脑力劳动成果获得一项独家特权（当时在巴登还没有"专利"一说）。大公已经观看过发明家的演示，并从中了解到这是一种没有马匹牵引的机器。机器车就这样被载入史册，而该名词是由这位林业教师自己创造的。他此前还发明了"音乐机"（一种借助纸张作业的钢琴录音机），帮助测绘员计算面积的"变形机"，再后来还有第一台带键盘的"打字机"。

他的机器车还没有配备蒸汽机，必须由人来提供动力。德莱斯一共推出过两个版本的机器车，事实上它们都只不过是发明家小试牛刀的成果。不过机器车的诞生符合经济学家约瑟夫·熊彼特的创新模型——根据这一模型，创新总是对需求的回应。自1812年起，一连串的歉收使得对马匹运输至关重要的燕麦价格大涨，更何况拿破仑战争中过往的军队已经耗尽了农民手头仅存的余货。因此在德莱斯看来，摆脱对马匹依赖的运输方式是一个极为理想的选择。我们几乎可以断定，他在海德堡求学初期仔细地研究了施韦青根宫殿花园中的花园车。他得出结论：其运行机制过于复杂和费力。于是他直接在后轮之间设置一个踏轮，以对机械装置实现最大限度上的精减。作为动力提供者的人坐在一个浮动的座椅上，用双脚踩踏转轮，从而驱动车辆的后轮。另一位乘客负责操控方向——就像坐在花园上的贵族一样。鉴于负责蹬车的人只能面向后坐，德莱斯很快就在机器的后轮之间安装了一根曲轴。现在，蹬车的人终于也可以面朝行进的方向，车辆速度可达每小时6千米（不快，但算得上适宜）。遗憾的是，我们今天已无法见到这种四轮脚踏车的图片，只有德莱斯在当时行业杂志中所作的描述。沙皇亚历山大在得胜后到卡尔斯鲁厄看望他的岳母阿玛莉埃时，观看了该车的演示并感叹道："巧夺天工。"他还将一枚钻戒赠送给德莱斯。沙皇建议在维也纳会议上展示这项发明，后来的事实证明他的这一提议并不高明。1814年，德莱斯在他父亲的资助下，带着机器车沿多瑙河前往维也纳。然而正在为欧洲大陆上的土地讨价还价的王公贵族们并没有带上他们手下懂行的军需官，认为用点零钱就足以应付汽油——哦，抱歉，燕麦的开销。燕麦攀高的价格似乎并没有引发他们的担忧，这些统治者压根没有想过马匹还需要什么替代方案。德莱斯在他为维也纳的潜在客户编写的传单中已经清楚地写明了机器车的研发动机："在战争期间，马匹及其饲料往往会变得十分紧俏，到那时这种车能派上大用场。"而现在战事已经平息，人们需要应对的是接连不断的农作物歉收。

德莱斯在各国贵族们那里遇冷后，沮丧地将个人精力转移到其他对测绘员和纤夫有用的发明上。不过话说回来，德莱斯·冯·索尔布隆男爵（这是他的正式全名）在一开始是如何走上发明之路的呢？在思考这一问题时，人们首先应当明确的是，德莱斯一家属于没有土地财产的贵族公务员，这类人必须谋一个差事以维持生计。那些没有机会为王公贵族服务的人不得不考虑将家庭教师作为谋生的职业；如果一个人在做家庭教师期间恰好疯狂地爱上了这家的女主人，那么他未来很可能会成为一名文学家。至于卡尔·德莱斯，他的职业是由其教父和彼时在位的大公卡尔·弗里德里希决定的：林业。

根据百科全书派思想家狄德罗的说法，启蒙运动所倡导的教育和生活目标之一是"我们不应该在还来不及为人类服务时死去"。想必狄德罗会将熟悉法国思想的德莱斯视为自己遗志的继承者。当时的教会人士也会提供一些发明，让穷人获得生产工具。多才多艺的朗福德伯爵很可能是德莱斯崇拜的偶像之一，因为德莱斯的父亲曾为卡尔斯鲁厄的穷人建造过一座现代化的朗福德施粥济贫院。不过朗福德总是能够为他的科学研究筹措到资金，其中有两次是通过与富有的寡妇结婚。年轻的德莱斯显然走不通这条道，因为众人已经知道他的父亲患有遗传性癫痫病，认为德莱斯不适婚。没钱的工匠们只能默默无闻地捣鼓发明，并在作坊里靠自己生产。所有已知的资料显示，德莱斯没有自己的作坊，他一直委托其他工匠生产自己的发明。他是一位白领发明家。但在前工业社会，一个人不可能以此为生。

一次火山喷发及其意想不到的后果

到了1816年，情况已经十分危急，历史学家约翰·D. 波斯特（John D. Post）称之为人类历史上距今最近的一次严重生存危机：在美国和加拿大，降雨连绵不绝；在施瓦本汝拉山，甚至夏天都出现了降雪，上述怪象造成了农作物大面积歉收，饥荒随之而来。正如我们今天所知，这串连锁反应是由1815年巴厘岛东部的坦博拉火山剧烈喷发引起的。小溪、河流以及博登湖冲破了堤岸。谷物和土豆在田地里发霉。德国南部和瑞士穷人们吃泥土、煮树叶并宰杀猫来充饥。由于缺乏饲料，农场动物要么饿死，要么被主人无奈地宰杀。在接下来的一年里（1817年），饥荒愈演愈烈。法国众议院向国王提交的财政报告谈及了马匹大量死亡的情况。普鲁士驻巴登宫廷（位于卡尔斯鲁厄）公使之妻拉赫尔·冯·瓦恩哈根（Rahel von Varnhagen）在一封信中写道：

"饥荒造成的惨象就发生在家门口：没有人可以置身事外，哀叹从所有人的口中传出；在高地（也就是巴登南部），离此处不过几英里的地方，人们啃食树皮，把死掉的马从土里刨出来吃；一切景象都令人触目惊心。"

卡尔斯鲁厄的巴登大公国宫廷兽医回顾性地报告了1817年在该地区营养不良的马匹中疯狂蔓延的致死性肌肉酸痛，并给出了简单的官方应对措施：不要用变质的饲料喂马。奇怪的是，当时的报刊和书籍中并未谈及此次饥荒，显然是文字审查扼杀了一切的有关报道。让民众了解法国正在发生的"面包骚乱"（面包店和磨坊遭到洗劫）并不是为了煽动其进行效仿。除了人类自身对记忆的压制外，国家文字审查制度可能是这场灾难很快就被遗忘的原因。

从1817年7月起，林业教师德莱斯占领了西方世界所有报纸的版面。他带着一辆只有一前一后两个轮子的极简风格的车，于6月12日沿着最好的道路从曼海姆市区出发，在距离施韦青根还有一半路程的雷莱驿馆折返回家，来回总共行了四个邮时（德国旧时长度单位，约合8英里或12.8千米）的路。德莱斯只花了不到一个小时的时间，而以邮政马车的速度则需花费四个小时。对此的第一篇新闻报道并非出自《曼海姆资讯报》（*Mannheimer Intelligenzblatt*）——该报显然没有注意到这一历史性事件——而是刊登在《巴登－巴登市周报》（*Badwochenblatt der Stadt Baden-Baden*）上。德莱斯曾从盖恩斯巴赫出发，以巴登－巴登为目的地进行过一次山地骑行，平均速度为每小时6千米，无法达到在曼海姆市内平坦路段行驶时的每小时14到15千米。德莱斯亲自为《巴登－巴登市周报》提供新闻稿，他引用早先关于四轮机器车的轰动性报道，并将他的新发明称作"LODA",据推测是法语词"locomotion"(前进)和"dada"(木马)的缩略合成词。到了秋天,他又将自己的两轮车正式命名为"步动车"(Laufmaschine),以区别于之前的四轮机器车。在法国报纸将其称为"德莱斯车"(la draisienne)之后,德语世界的报纸很快也采用了这一说法(Draisine)。

与他四年前发明机器车时不同,这次的步动车引发了强烈的反响。德莱斯为《德意志汇报》(*Allgemeinen Anzeiger der Deutschen*)撰写了一篇文章:

"自从我最近发明了无需马匹牵引、而是靠双脚驱动的极简机器车(即两轮车)后,我收到了许多咨询详情的信件,其中一些人还提出购买,在充分照顾求购者以外,现在我已经没有多余精力对所有来信一一作答。"

就在同一份报纸上,来自耶拿的一位匿名人士刊登了一则广告:

"何处可以购得林务官卡尔·冯·德莱斯男爵最近发明的机器车(指两轮车)?此外该车售价几何?若无成品可购,是否另有渠道可以获得该车的图纸或模型?如蒙惠告,愿予薄酬。"

上述种种实际上已经构成了建立一个小型工厂的理想条件,德莱斯也在寻找一位富有企业家精神的工匠,委托他生产自己的新发明。但时代的局限性终究成为了阻碍——当时的德意志各邦国还没有专利保护制度，只有成为某件东西唯一销售商的特权。工匠们仅凭报纸上的文字描述，就立即复制出了步动车，并对其加以改造。德莱斯还向询购者送去了一份铜版画，于是后者可以让当地的车匠按照图样直接为自己打造一辆步动车。一位名叫约翰·鲍尔（Johann Bauer）的纽伦堡机械师以其实用的袖珍地球仪而闻名，他甚至出版了一本关于步动车的说明书，并以拓下来的铜版画作为插图，可以说是世界上第一本关于自行车的书。今天的我们或许很难想象，当时的人们对于平衡有着怎样的恐惧心理。为了适应这种恐惧，鲍尔将两轮的步动车改造成一个稳定的三轮结构，并添加了繁琐的手动驱动装置——可谓画蛇添足。

有三份来自步动车用户的使用体验报告，其中一位说他也请工匠为自己打造了一辆鲍尔式的三轮步动车，但发现它有不足之处。当德莱斯在巴登大公夫人史蒂芬妮（Stephanie von Napoleon）的关照下最终获得了利用步动车牟利的五年特权时，他已经无法再靠最基本的特许商标制度赚钱了。因为仿制的商人们——仅在德累斯顿就有五家——是根本不会为特许商标买单的。只有首批贵族买家（德莱斯亲自找曼海姆的车匠弗莱为这些客户完成了订单）支付了带有德莱斯银色纹章的特许商标，这枚银章被钉在步动车的车把上。在巴登大公国，事实上任何没有特许标志的步动车一经发现，都要被没收。至于这一规定在实际操作中是否真的得到了严格执行，就无从知晓。德莱斯还向法兰克福市申请获得特权，但该市为了保护当地从事仿制车制造的机械师埃姆里希·沃伦施莱格尔（Emrich Wollenschläger），拒绝了德莱斯的请求；在巴伐利亚，德莱斯面对着同样的境遇。据说他曾在普鲁士获得一项专利（现已遗失），而奥地利为了保护维也纳的安东·布尔格父子工厂（Anton Burg & Sohn），拒绝承认这项专利，因为这家工厂正在仿造步动车。在法国，一位名叫路易·约瑟夫·迪内尔（Louis Joseph Dineur）的人获得了步动车为期十年的进口许可。

步动车

《布罗克豪斯百科全书》（*Brockhaus-Lexikon*）有一条拥有一百多年历史的条目，其中称步动车是自行车的前身，这无疑是一种误导。同样荒谬的说法还有：直到1866年两轮车的前轮装上曲柄后，"第一辆真正的自行车"才终于问世。以上对于技术演进史的回顾是天真的。

想要形成正确的认知，就必须考虑到上述说法的时代背景——在德意志帝国统治时期，已故的德莱斯被视作煽动暴乱的民主人士和国家公敌，官方当然不可能承认他的历史功绩。

若是将步动车看作最早的自行车，则要妥当得多，因为现代自行车具有的许多特征已经包含于彼时步动车的设计之中：

· 简约的、可平衡的双轮系统；

· 相同尺寸的前后轮，直径为 27 英寸（大致与今无异）；

· 通过前轮的主销后倾来加强转向时的稳定性（就像超市里购物车的车轮）；

· 采用带黄铜衬套的滑动轴承，车轴处有一个可开关的孔洞，以便上油；

· 前轮上安有可收放的支架，以便停车；

· 车把可以向前翻折，以便骑手在上坡时下车拖行；

· 选配：搭在前轮两侧的三角形皮袋；

· 选配：座椅后方的行李架；

· 选配：可以在车把处控制的后轮刹车（该技术许多年后才被应用于马车）；

· 选配：可调节高度的座椅和车把，以适配骑手的身高。

如前所述，之所以步动车还没有配备脚踏，而是需靠双脚蹬地来驱动，主要原因是当时除了少数会溜冰的人外，没人敢长时间地让双脚同时离开安全的地面。在"人—车—路"这一全新系统中，现在最需要得到改善的因素无疑是人，其次是道路状况，而相较之下车辆本身则没那么重要。因此，双脚蹬地的驱动方式是考虑到人们对平衡尚存恐惧而采用的一种折中方案，不能算是设计上的缺陷。

1817年11月，此前曾出版席勒的剧作《强盗》的"施万 & 格茨"（Schwan & Götz）书店，终于出版了德莱斯篇幅为三页的步动车说明书，书中配有两幅铜版画，车匠可以据此仿制步动车。书的内容还包括一份操作指南，其中德莱斯对步动车的平衡原理还存在错误的认识：骑手需要对铺着软垫的平衡板施力——将前臂放在上面，然后通过自身把驱动力转移到步动车上；"每当平衡板即将上升时，骑手就要用力向下推"。

然而这样操作恐怕起不到任何作用，因为平衡板和座椅是一体的，并且当骑手坐在上面保持平衡时，不会与地面发生接触。如果将步动车比作一艘帆船，那么骑手在座椅上推动平衡板就好比是在船上用电吹风吹动风帆。三年后，德莱斯正确地描述了步动车的平衡特性：

"当一个人在蹬地后的滑行过程中快要失去平衡时，

通常可以用脚蹬地来进行调整,或是将行驶方向调整至整体重心倾斜的一侧。"

这与今天所使用的平衡方法完全一致,即想要避免向哪一侧倾斜,就把龙头朝着那一侧,然后左右交替,从而使步动车驶出一条蛇形轨迹。德莱斯还观察到,骑手在进入弯道时需要先短暂地朝着转向的相反方向行驶(这虽不是他的原话,但至少可以这样来理解):"要转弯的话,提前将重心向内侧偏移一些,然后立即驶向那一侧。"

将身体稍稍向内侧倾斜,这样手臂就会短暂地将前轮推向外侧。

骑上德莱斯车

在步动车的第一则广告中,德莱斯称它"可以很好地辅助长途旅行者,譬如信使和邮差"。在一篇登报的文章中,他实事求是地描述了步动车的特点:

"我发明的车没有可供人躺卧的马车那样舒适。在费力程度方面,骑它与步行或骑马相差无几;四个邮时(13千米)的普通乡间道路,或两个邮时(6千米)的山路,若要在一小时内走完,需要骑手具备一定的技巧和力量。在泥泞路段和雪地里,骑步动车也并不比步行轻松多少。"

不过鉴于彼时饲料极度匮乏以及马匹大量死亡已经对交通运输构成严重威胁,步动车在问世后轰动一时——至少在行家眼里它绝对算得上一项了不起的发明。例如此前提到过的机械师鲍尔写道:

"德莱斯的两轮机器车(指步动车)是机械科学领域最重要的发明之一,此时此刻几乎一半的德国人都在思考,这么一辆车对自己来说到底实用与否。"

巴登大公的世子利奥波德在给德莱斯的信中写道:"正是凭借阁下在科技和制造方面的卓越才能,我们的世界再次获得了一项大有裨益的天才发明。"

有两个科学协会接受德莱斯成为会员。富甲一方的贵族不惜一切代价想要得到这一新奇的物件,包括歌德的领主、萨克森-魏玛-艾森纳赫的大公卡尔·奥古斯特,他将步动车作为新婚贺礼送给了自己的儿子。中产阶级追随着贵族们的趋好,一些步动车骑手的事迹得到了详细记载,其中有梅克伦堡的一位县长、杜塞尔多夫的一名邮政长官以及施特劳宾的一名律师。最后,大量的学生也骑上了步动车,他们头戴学生帽,在铜版画中极易辨认。来自斯洛伐克的扬·科拉尔(Jan Kollár)在耶拿上大学,他每逢礼拜日都会骑着步动车走6千米的路，到洛贝达（Lobeda）的一位牧师家中练习布道，同时也是为了与牧师的女儿相会，这对青年后来喜结良缘。扬·科拉尔日后成为了大学教授，最终在维也纳辞世，今天人们将他视作斯洛伐克杰出的古典派作家。学生们在耶拿萨勒河畔"天堂"大道上的喧嚣与躁动甚至还引起了歌德的注意。他们骑车前往该处，1月的严寒丝毫阻挡不了他们的脚步——估计当时已经禁止在城区骑步动车了。

德语世界对于步动车的记载并不多，但在1816年至1817年这段最艰难的时期过去之后，出现过一些颇有价值的报纸文章。在柏林和维也纳的舞台剧中，步动车如今替代了上文曾提及的轮滑鞋，成为舞台上新的溜冰鞋模拟工具。这并非因为比起轮滑鞋，步动车在模仿上更加惟妙惟肖，而完全在于它能凭新鲜感吸引观众的眼球。德累斯顿当地的媒体报道称，机械师贝托尔迪（Bertholdi）骑着德莱斯车进行了长途旅行，只用7个小时就走完了从德累斯顿到莱比锡之间88千米的路程。《德累斯顿新闻报》（*Dresdener Anzeiger*）欣喜地写道：

"马匹的购置和维护费用极其昂贵，而现在德莱斯车可以使人摆脱对骑马的依赖，因此我们或许可以指望燕麦的价格在未来会有所下降……

"希望妇女在未来也能用上这一迅捷的交通工具，从而远离骑马易于造成的各种危险和事故。可以想见的是，如果女性骑上这种车，就必然要照着亚马孙人的样子把自己打扮得利索些——这种着装调整对于聪明能干的妇女们来说并非难事。"

此处已经预示着妇女解放运动和时尚潮流的变迁即将开始。我们很难想象，尽管女士们那时已经被允许跨坐在步动车上，在骑马时却只有将双腿放在同一侧才算得体。而在妇女甚至不被允许溜冰的地方，能坐上马背或跨上步动车简直就是天方夜谭。作家卡尔·奥古斯特·恩格尔哈特（Karl August Engelhardt）很可能持有类似的观点。在《德累斯顿新闻报》的竞争对手《德累斯顿晚报》（Abend-Zeitung）上，他以里夏德·罗斯（Richard Roos）的笔名撰写了连载好几期的《小城书记信笺》（Epistel des Stadtschreibers zu Krähwinkel），尽管当时受到了各种嘲讽，但对德莱斯车这么一件新事物的未来发展做出了颇具洞见的预测，令人惊叹。不过他当时主要担心的是，将来客人们可能会不请自来，将厨房和酒窖洗劫一空——这在今天看来显然是多虑了：

"城镇中古老庄严、造价低廉的石板路很快将被新式的、造价高昂的公路取代。在适合步动车行驶的道路建成之前，骑手们与众多的行人以及马车无疑将继续在石板路上共存。然而一旦新式公路铺就，那么所有公务员在通勤和出差时肯定都会选择骑步动车。就像不久前必须在办公楼里购置昂贵的燃煤设备一样，届时也不得不在大院里为官员们的步动车建造巨大的车棚，甚至还可能在车库前面安排警卫——因为总有人看着这些车会眼红心痒。"

偷走一辆步动车然后逃之夭夭，这恐怕是当时不少破产者和债务人理想中的躲债计划。

"步动车普及开来，马匹养殖业就会衰落，原本的一整套从业者，包括旅店老板、出租马车夫、驿使和家中饲马的用人就会失去生计，从而沦为国家的负担。"

最后，恩格尔哈特抒发了男性心底与生俱来的恐惧——他亲爱的妻子可能会自己出去进行无节制地购物，当然情况还有可能更糟：

"比如说，上天赐给某人一位崇尚潮流的妻子——贱内也正是这种类型——那该死的步动车为她提供机会，逃离家庭，逃避责任和义务。现在这成了现实！今后，当一个终日沉浸在工作中的人给家里打电话时，就会得到如下回复：她几个小时前出门去了莱比锡。而在这几个小时里会发生什么呢？她可能干出伤风败俗的勾当，也可能把家财挥霍一空。此外，接电话的家仆又是否可能为女主人遮掩回旋呢？如此深挖下去，简直不堪设想。"

这位"小城书记"笔锋一转，安慰自己道，德莱斯车应该只是对男性有利的：

"无论现在还是将来，女性永远不会满足于现在的状况。如果一部分人可以外出游走，而另一部分人则只能待在原地；如果男人在他心爱的手推车上可以像鳗鱼一般轻松逃避他亲爱的配偶的监管，而后者不得不像牡蛎一样永远粘在操持家庭这块岩石上，那这又怎么称得上家庭平等呢？现在许多穿着亚马孙人服饰的女性跨上了德莱斯车，但我愿意相信，庄重的妇人和贞洁的少女肯定不会这么做。"

不过令这位小城书记大感宽慰的是，德莱斯车"永远不可能普及"，因为人们必须首先学会在其上保持平衡。他所想的确不虚，因为"人—车—路"系统中最欠缺的部分——人，花了足足50年的时间才学会在不与地面接触的情况下稳稳地骑在两轮车上。现如今，我们在孩提时代就完成了这个平衡习得的过程，但对当时的成年人来说是一个十足的挑战。德莱斯后来曾写道：

"几乎所有人都把我这项发明的成功归结于我本人的

骑行技巧，而非发明本身。步动车的操作实际上远比人们仅凭想象所认为的要简单，他们常跟我说：'不错，如果每个人都像你这样灵巧，那么这辆车肯定能派上大用场'，然而他们不敢坐上车，尽管我只用了 4 节课的时间就把好几个人都教会了。"

维也纳的制造商亚当·布尔格父子（Adam Burg & Sohn）于 1818 年初成立了一所驾驶学校，供人在 10 小时内学会平衡和驾驶技巧，学费为 10 古尔登。次年，英国和美国也相继成立了类似的驾校。

由斯图加特科塔出版社发行、约翰·戈特弗里德·丁勒（Johann Gottfried Dingler）编写的《科技日报》（*Polytechnisches Journal*）的译者（据猜测就是丁勒本人），对骑步动车的缺点描述如下：

"翻车是十分危险的，正如译者从身边人的经验中所得出的那样，一些人在步动车事故中伤腿折臂，或摔断肋骨，甚至还有些人因此而丧命……

"这种交通工具的第二个缺点是，它会伤及胸腔，或者更具体地说，会伤及胸腔内的肺部。长期或剧烈的骑行很容易损伤这一身体器官。因此，译者的几个朋友不得不谨遵医嘱，放弃德莱斯车了。"

大获成功

前面曾提到的英国伍尔维奇皇家军事学院的数学讲师托马斯·斯蒂芬斯·戴维斯在二十年后的一次演讲中描述了步动车（那时曾被戏称为"木马"）的全盛时期，此外他也提到了这一运动的危险性。车匠丹尼斯·约翰逊（Denis Johnson）此前曾不惜重金，为一种经过改造的英国版步动车申请专利。

"大约在18到20年前，步动车广受欢迎。那时候男士们无论老少胖瘦，常在巴斯附近的丘陵地带骑车，其中不少人我都认识。许多人会在晚餐前来回骑上12至14英里的距离（19至22千米）。而且一些人自豪地告诉我，他们的骑行速度可以达到每小时6至7英里（10至11千米）。用老式的步动车每天骑行30至40英里（50至70千米）算是稀松平常，而且从来没有发生过出了人命的事故，不会断胳膊断腿，更不需要把外科医生请来。事实上，我从未听说过有什么步动车造成的伤势是不能靠醋和牛皮纸来治愈的。"

这里所说的醋和牛皮纸是当时的一种土制膏药，显然不可能总是管用。据戴维斯本人回忆，伦敦的圣乔治医院一度收治了大量因骑行时操作不当而受伤的病人。

"当骑手（在下坡过程中）达到一定的速度时，就很难再向右或向左调整方向，或伸出一只脚来接触地面，以防止自身摔倒。在全速行驶的状态下，骑手很难掌控步动车，有时根本没法让车停下来，这是许多事故发生的原因。"

车匠约翰逊并没有复制德莱斯的刹车——德莱斯在他的铜版画中把刹车藏在了骑手的腿后，因此英国所有的步动车仿制品都没有配备刹车。

这直接导致了两轮车发明以来一项最奇怪的后果，即1819年至1820年针对"花花公子"（Dandy）群体及其爱好——步动车的"伦敦漫画战"。如前所述，伦敦车匠丹尼斯·约翰逊于1819年获得了步动车的专利，使用者在日常生活中一般把它称为"德国马""木马"或"公子马"。根据当时的英国专利法，国民可以为经过他们改进（无论改进之处是否真实存在）的外来技术申请专利保护。约翰逊做出的改进是用铁制车架取代木制车架，这使步动车看起来更为细俏优雅，实际上则比德国或法国的原版车更重。约翰逊的版本有两大不足之处：一是没有沿用可以使前轮自动回正的主销后倾设计，二是没有安装德莱斯的刹车。受这项昂贵的专利保护，约翰逊能够制造并销售逾 320 台步动车。

约翰逊和他的儿子还前往其他城市进行产品演示。1819 年，他们在伦敦建立了一所驾驶学校。尽管他的产品得到专利保护，但在英国还另有两家工厂可能也在制造步动车，且售价更低。据此我们可以估计，当时在英国有超过 1000 台步动车；假设在原产国德国、美国、荷兰、比利时、意大利、瑞士和奥匈帝国都至少有同样多的步动车，那么就可以得出彼时步动车在全世界的存量超过 5000 台。

正如先前所提到的，德莱斯车这个新事物与同一时期出现的时尚潮流"花花公子"相遇，这帮公子哥作派的青年人构成了德莱斯车最大的用户群体。徜徉街头，轻易就可以辨认出这些花花公子：极为雅致的服装、玩世不恭的谈吐，在任何情况下都故意摆出冷静而坚忍的姿态，慵懒好闲却又自私傲慢。他们通常穿一条白色长裤，身着衣领十分漂亮、形似燕尾服的外套，戴着围巾，这一时期的漫画以夸张的手法将其画成甲状腺肿大的模样。一些花花公子还穿上紧身胸衣，以求达到"黄蜂腰"的视觉效果——所谓"束腰的人形似沙漏"。此外，这类人还有一种装腔作势、充满情绪的步态，看上去与登革热患者有些矫揉造作的步态有几分相似。登革热也因此被称为"花花公子病"。这些打扮时髦的潮流人士在文学界的代表是乔治·布鲁梅尔和后来的奥斯卡·王尔德,他们希望通过这种在形式与时尚方面极致考究的态度来维护其贵族身份,富人们于是争相效仿。与法国不同的是,在德意志各邦国没有出现花花公子运动。很大程度上来说,花花公子与步动车的结合仿佛预示着,150年后意大利摩托车将在英国流行,并掀起一股机车亚文化。

距离饥荒发生已经过去两年,而且英国在此期间并未受到多么严重的影响——与此同时,多数人显然已经忘记了饥荒是步动车得到推广的重要原因。与在欧洲大陆一样,伦敦的步动车骑手在人行道上骑行,因为他们很难在颠簸泥泞的道路上保持平衡——在那种路面上,翻车几乎是不可避免的,就像如今在电车轨道上骑自行车一样麻烦。对于步动车的描摹也很快从开始时内容丰富的铜版画,变成了辛辣刻画步动车上花花公子的讽刺漫画。作者利用这些彩色传单(也可以把它视作单页的画报),便能搅动伦敦政坛,抑或狠捞一笔。已知的这类漫画就有上百幅,其中大部分皆出自罗伯特·克鲁克尚克(Robert Cruikshank)之手——他是臭名昭著的乔治·克鲁克尚克(George Cruikshank)的哥哥,乔治四世曾向后者支付 100 英镑，作为不再成为其漫画对象的条件。不过漫画家罗伯特·克鲁克尚克为何要如此针对花花公子群体呢？一位曲柄自行车领域的先驱在他于五十年后出版的《自行车与三轮车》（*Bicycles and Tricycles*）一书中，给出了可能的答案。据他说，罗伯特·克鲁克尚克本人曾在 1819 年初的冬天与他的出版商詹姆斯·赛德柏桑姆（James Sidebotham）一同打扮成花花公子模样，骑着步动车旅行：

"在相当长的一段路途内，一切都很顺利，但当他们以全速——接近每小时 10 英里（即 16 千米）的速度——从高门山上下坡时，二人的步动车发生了相撞。他们各自滚向道路一侧，机器严重受损，两个人也摔得够呛。赛德柏桑姆伤势较轻，他把克鲁克尚克先生领到了拱门客栈，二人在那里稍事休整，最终乘坐一位威伯先生的马车回到了伦敦。事实上，这场不幸的事故正是导致步动车受欢迎程度下降的主要原因。克鲁克尚克和赛德柏桑姆从此再没骑过步动车，并转而开始嘲讽这项运动。前者充分发挥自身的想象力，用一支尖笔刻画出了许多看上去十分滑稽的可怜人：他们穿着最新的时装，骑在传说中的'公子马'或'木马'上——看上去既别扭又难受，同时也令观者深感可笑。"

文中的另一处还提及了赛德柏桑姆的遗孀,因此我们有理由认为,赛德柏桑姆是因在这场事故中落下的后遗症而最终丧命的。面对赛德柏桑姆的离世,克鲁克尚克失去的不光是一位朋友,同时还是自己画作的出版商。在这种情况下,他对于步动车的看法自然会发生一百八十度的强烈反转。赛德柏桑姆的遗孀不得不随出版社移居他处,并将克鲁克尚克绘就的漫画挂在出版社新址的展示橱窗里。

"在那里,漫画内容引起路人阵阵大笑——显然,在公共场所骑步动车已经显得不合时宜了,因为街上的步动车骑手和出版社橱窗里的漫画之间构成了微妙的镜像呈现,滑稽感十足。到后来,这种对于步动车的坏印象传遍全城,以致妇孺皆知。"

步动车的终结

很快,新闻报刊上就出现了呼吁保护步动车这一新兴事物的声音:"保护约翰逊式的'木马',千万别让它被针对花花公子的辱骂与憎恨所牵连。"

但事已至此,为时已晚。与此同时,占用人行道的步动车骑手对行人造成了不小的困扰,两个群体之间的关系日趋紧张。数学讲师戴维斯回忆道：

"当步动车手在街上的人行道骑行时（这当然是不合规矩的），不是他们挡了孩子们的路，就是孩子们拦了他们的路，这样的情景令照看孩子的女仆们倍感慌张。步动车手沿着街道骑行，会时不时惊动胆小的马匹——年幼的马驹有时光是见到步动车的影子就怕得如同惊弓之鸟。着急而又莽撞的步动车骑手常常会不慎撞上一个身手迟缓的大块头或是行动不便的老妪，以至于到后来所有的胖子和老妇人都抱怨步动车在人行道上占用了太多的空间——况且不少人行道本身就已经很窄了。"

当局于是追溯到一项包含了人行道使用规定的古老法律，并着手对侵占人行道的步动车骑手处以 2 英镑的高额罚款——2 英镑可足足有一辆步动车售价的四分之一啊！后来有人称，此举是用罚款压垮了步动车：

"胖子、守夜人、老妇人、政府、暴民、王室大臣和马匹联合起来，支持警察镇压这股步动车风潮。又有什么能够抵挡这样一个团结而又坚定的进攻方阵呢？答案是：绝不可能。即使是蒸汽机也不可能战胜这样一个强大而富有凝聚力的反对者联盟。"

曼海姆于 1817 年 12 月颁布法令，禁止步动车在人行道上行驶。其他城市也紧随其后：对步动车的禁令首先蔓延至米兰（1818年），其次是伦敦、费城和纽约（1819年），最后甚至还影响了加尔各答（1820年）。此时的法国却还没有颁布步动车禁令。人们通常认为，步动车本身的技术缺陷最终使其埋没于历史的尘埃，然而事实并非如此。导致步动车衰退的真正原因就是禁令。一件东西一旦被封杀，又怎能得到进一步的普及或发展呢？不过当时曾出现过一个与步动车配套的创新性发明。为了应对驾乘步行车时鞋底快速磨损的问题，人们最初的解决方案是在鞋头处增加一块铁皮。后来，一位不知名的伦敦鞋匠有了新点子，他在鞋底加装许多圆头钉，从而发明了钉鞋。

刘易斯·贡佩兹（Lewis Gompertz）是世界上第一家动物保护协会的联合创始人，常常与当局持有不同意见。在他的一系列发明中，有一种安装在钻机上用于夹持不同尺寸钻头的夹盘，至今仍在被使用。他出生于一个犹太钻石商人家庭，曾为争取妇女、有色人种以及被压迫者的权利而斗争，并因倡导保护马匹而拒绝乘坐马车。他为德莱斯车增添了手动驱动装置，其作用原理正如我们今天所能见到的手摇式四轮儿童车。他对于自己这项发明的描述也于1821年发表在丁勒编写的《科技日报》上。贡佩兹在这篇文章中首次提出，要在现有车行道的基础上增设专门的步动车道：

"德莱斯车衰落的原因在于当局禁止在人行道上使用它，这一点是毋庸置疑的；这种一刀切的禁令显然太过草率——在必要时，当局应该出台具有建设性的政令，比如从道路上留出三到四英尺的空间专供德莱斯车行驶，并且应当不断完善相关法规。德莱斯车理应得到理智的对待；同时德莱斯车骑手不应该被迫终日面对损坏马车或伤害马匹的风险，也不应该在驶过泥浆时因将脏水溅到行人的膝盖而遭受咒骂——因为他们本没有别的路可走。"

贡佩兹以一个了不起的预言收束了全文，而这则预言在七十年后得到了应验：

"只有拥抱并不断完善这台机器，人类才能巧妙地最大化利用自身力量，从造物者手中行动最迟缓的生物群体跃升进入最迅速敏捷的梯队。一些游手好闲者（指花花公子）和漫画贩子（指赛德柏桑姆等人）投射在这台机器身上的可笑目光，终有一日会被德莱斯车为这个世界带来的璀璨光芒所驱散。"

然而，还没等这则预言成真，曲折的命运就对发明家德莱斯发难，使其声誉遭受到毁灭性的打击。一位名叫卡尔·桑德（Karl Sand）的耶拿大学生于1819年3月

23日在曼海姆谋杀了据称是"祖国的叛徒"的反动剧作家奥古斯特·冯·科策布（August von Kotzebue）。谋杀犯被判处死刑，而步动车发明者的父亲、高等法院院长威廉·冯·德莱斯（Wilhelm von Drais）投票反对为卡尔·桑德向统治者提出赦免请求。桑德的支持者对这位高院院长自然无可奈何，等到1820年桑德被处决后，这群人便对高院院长的儿子、发明家德莱斯进行百般的刁难与袭扰。后来德莱斯正是因此选择背井离乡，在巴西度过了长达6年的流亡生涯。从前对于德莱斯的伟大发明——步动车的铺天盖地的不懈宣传骤然归于沉寂。在学生群体和桑德的支持者中，人们对德莱斯车的热情也就此终结。德莱斯在他的余生中始终都无法摆脱那些阴魂不散的复仇者。在德莱斯的晚年，桑德的追随者、作家卡尔·古茨科（Karl Gutzkow）以"爱德华·布尔沃"（Edward Bulwer）为笔名，通过丑陋且可鄙的手段对他进行了人格和名誉上的侮辱，德莱斯就此注定要被整个社会彻底排斥在外。

从轮滑到新的热潮

在接下来的五十年里，人们再难察觉到两轮车有什么明显的改进。除了全世界范围内针对步动车的行驶禁令外，造成这种局面还另有其他原因。考虑到当时许多人在驾乘步动车时都会面临失去平衡的恐惧感，机械师们试图找到替代方案，于是他们将目光投向了结构更为稳定的三轮车和四轮车。这些依靠人体肌肉力量驱动的车在那时同样被称为"步动车"，但它们在行驶时产生的轮胎滚动阻力要比单轨车更大。报刊的编辑们大多可能是被处决的大学生桑德的支持者，他们并无多大兴趣继续报道可恶的高院院长的发明家儿子捣鼓出的什么步动车。最终在1825年，第一辆由蒸汽机车牵引的客运列车从英国的斯托克顿开往达林顿。此后，对于新兴的铁路交通的大量报道和评述全然抢走了步动车的风头。

让随从跑在统治者的庆典马车前，这一习俗起源于东方。法国大革命后，这一传统在西方也已经消逝。而在目睹了德莱斯车骑手令人叹为观止的长途骑行之后，自恃极富耐力的跑步选手意识到，即便不靠车轮，也照样有机会一夜成名。28岁的彼得·巴尤斯（Peter Bajus）靠打短工为生，诨名"傲侠"，他在1824年年初同别人打赌，自己能在5个小时内从美因茨-卡斯特尔跑到法兰克福，然后再折返回来，即在规定时间内连续跑完50千米的距离，中途绝不会岔气。虽然他最终输掉了赌局，但在沿途收获了许多专程前来的观众。这些观众和法兰克福当地几家旅馆的客人为巴尤斯筹集了500古尔登作为犒赏。今后，他必须在得到当局的许可后才能进行这种具有表演性质的长跑。巴尤斯形容自己是一个"快跑者"，同时他也反过来影响了德莱斯——在此之后，德莱斯不再将他发明的两轮车称为步动车，而是把它改称为"快步车"（Schnell-laufmaschine）。

禁止步动车在人行道上行驶的法令深刻地影响了无马匹交通方式的发展进程。机械师们在这一领域持续探索，同时兼顾那些因害怕失去平衡而选择更为稳定的三轮车和四轮车的用户，他们的目标是让骑手在道路上能够更加平稳地行驶。在禁令颁布之前就已经有人在这一领域做出了尝试。伦敦的汉考克公司（Hancock & Co.）曾经制造出一种带脚踏的三轮车，并将其命名为"皮棱图姆"（Pilentum，拉丁语词，意即"车"），一幅铜版画记录了这辆车的形态，画中还有一位穿着华贵的女士坐在车上。然而，这款三轮车的描述中写道，"转向操作是通过位于中央的操纵杆控制的，它可以被锁定在某一位置，这样就能行驶出任何骑手想要的圆圈形轨迹"，读罢令人疑惑，它是否真的可以胜任一段旅途？在步动车禁令颁布之后，伦敦的马车工匠查尔斯·伯奇（Charles Birch）研发出了不同款式的三轮车，它们需要依靠操纵杆驱动，最多可载三名乘客，分别被称为"手动三轮车"（Manivelociter）、"双人三轮车"（Bivector）和"三人三轮车"（Trivector）。它们配备了直径达150厘米的大号车轮，从而可以在泥泞的道路上获得更好的行驶体验。有人曾经驾驶三人三轮车从伦敦出发，最终在7个小时内到达海滨度假胜地布莱顿，其间总共行驶了107千米的路程，也就是平均每小时行驶15千米。这辆可搭载三位乘客的三轮车在速度表现上并未胜过初次亮相时的德莱斯车。德莱斯曾不厌其烦地指出，人的臂力只有腿部力量的三分之一，因此用手驱动车辆的效率要比用腿低得多。

在这一时期唯一能让人眼前一亮的发明，来自一位名叫威拉德·索耶（Willard Sawyer）的木匠，他从1830

年左右起在多佛制造了一系列金属材质的四轮自行车，供单人骑乘，可以靠脚或是用操纵杆驱动，亦可两者兼用。三份保存至今的材料显示，他制造的产品广泛流行于整个西方的各个王室，客户包括法国王储和汉诺威王储，他们二人那时都还十分年轻。出席了1851年伦敦万国工业博览会的德国代表团后来做出了如下报告：

"在博览会上见到的四辆自行车看上去就像是德莱斯车的翻版，骑手用自己的脚或手来驱动车辆。骑手或是蹬踏悬挂在自行车下方的两个曲柄杆，或是通过前后推动一直延伸至座位高度的操纵杆来驱动车辆。"

这些铁制的车辆看起来十分精致，但缺点是它们又贵又重，这就是为什么真正为索耶带来利润、使他有能力养家糊口的业务实际上是把这些自行车出租给海峡沿岸的浴场观光客。然而当局很快就来找他的麻烦，所以他不得不搬到邻近的一个城镇。与此同时，英国有两份机械学领域的专业杂志开始讨论：能够稳定行驶的自行车的理想外观应该是什么样的？特别是在英格兰北部，那里的许多机械师自己动手设计和制造自行车。他们已经使用了专为冬季准备的硬橡胶轮胎。总地来说，多轨自行车算是英国特色，它在美国只是一款小众产品。对于英国的机械师来说，在两个轮子上维持平衡的难题显然已经过气，尽管回国后的德莱斯又制造了一辆步动车，并于 1832 年前去英国宣传他的速写机（Stenomaschine）时在《机械师》杂志的编辑面前做了演示。虽然步动车在不列颠岛已然无人问津，但在两年之后，卡尔斯鲁厄的玩具商人多林开始售卖儿童步动车，就连贵族豪门家的孩子都为之深深吸引。与此类似的发展路径在儿童车的历史上屡见不鲜，即一款载具最初是为成年人设计的，但被制造出来的新发明未能在社会层面深入人心，于是乎在成年人群体中未获成功的设计概念被移植到儿童玩具产业。例如，索耶发明的依靠操纵杆驱动的自行车后来成为广受欢迎的儿童玩具车，它在德国被人们称为"荷兰车"（Holländer）。

西方人学会轮滑

在不少人心里仍对自行车存有平衡恐惧的同时，一部分人却在另一项运动的身体平衡上取得了长足的进步。步动车的广泛流行显然激发了溜冰爱好者对于轮滑鞋的憧憬和想象。他们想让对于溜冰鞋的模拟最终走出剧院的舞台，来到露天场所。如此一来，人们便可以不受天气的限制，即使在夏天也可以体验比肩溜冰的快乐。就在步动车传至巴黎的一年后，一位佩蒂布莱德（Petibled）先生发明了带有三只铜轮的轮滑鞋，并因此获得了法国的专利证书。授予他此项专利的理由说明写得十分委婉：

"该发明的初衷是为人们创造在夏季也能溜冰的条件……发明者对其轮滑鞋进行过多次实验测试，结果令人满意。他经常在公园里和林荫大道上穿着轮滑鞋来去如风，身手无比灵巧。1828年夏天，他和另外两个人一同现身于卢森堡公园，在那里，他只用极短的时间就非常轻松地跑完了整条天文台大道。"

有一项史实在当时早已被人们遗忘：十年之前，来自德国的德莱斯车也正是在公园里完成了它的首秀。时过境迁，唯有公园里的土路颠簸如旧，没有得到丝毫改善。在伦敦，德莱斯车同样激发了人们在轮滑方面的智慧灵感。为什么不能通过进一步精简步动车来规避当局的禁令呢？早在1822年，水果商人罗伯特·约翰·泰尔斯（Robert John Tyers）就为他取名为"漂浮"的发明申请了专利。按照今天的说法，这是一种直排轮滑鞋，有五个前后排列的轮子，并且在鞋的后部已经配备了刹车装置。《科技日报》杂志翻译了一份关于这种"安装在鞋子或靴子上的速滑装置"的报告。然而，从报告的一个脚注中，不难看出有人对这一装置是否能够真正奏效表示怀疑。

"整套装备最多只能用于室内技巧练习。在公路上几乎无法使用它,因为路面崎岖不平,灰尘和泥泞也会滞碍滑行。"

泰尔斯还将一座网球场改造成了一所轮滑学校,不过当时这所学校人气低迷。

溜冰鞋领域的先驱让·加尔辛(Jean Garcin)是德莱斯在法国的业务代理人,他此时正在巴黎着力研制一种可以绑在靴筒上的轮滑鞋,鞋底安有三枚并列的滚轮,滚轮后方还有一个刹车装置。1828年,他研发的"辛尔加"(Cingar)轮滑鞋(系"加尔辛"的音节倒序)获得了专利证书,加尔辛从而取得这种轮滑鞋长达11年的销售权。此外,他还在维莱特的码头经营着一家拥有木制地板的轮滑馆,后来他把这个轮滑馆搬到了克利希广场附近的新蒂沃利。他就此探索出了在未来很长一段时间内经久不衰的娱乐活动——室内轮滑,带顶棚的平滑赛道是城市居民进行这项全新休闲活动的理想场所。不久之后,有人按此模式建造了带顶棚的溜冰场,主要目的是保持冰面完好,隔挡雨雪。这些室内溜冰场被称为"零克"(Rink,源于俄语单词"冰")。相较之下,直排轮滑鞋更容易改变方向,而双排轮滑鞋想要滑出曲线轨迹则十分费力。多数人希望在运动过程中拥有更好的灵活度，因为比轮滑更受欢迎的溜冰运动已经发展出了充满曲线轨迹的花样滑冰，运动过程中充满了各种回旋和跳跃。所以人们同样希望穿着轮滑鞋来完成这些花样动作。

轮滑从诞生到发展壮大，竟然是源自在歌剧舞台上对于溜冰运动的模拟——细想来会令人忍俊不禁。这类现象在今天仍屡见不鲜，风靡一时的电影容易催生出新的亚文化，这已经成了一种规律，譬如冲浪运动的发展就与此有关。贾科莫·梅耶贝尔的歌剧《先知》于1848年在欧洲与美国各地巡回演出，剧中就有一个溜冰场景，由巴黎屠户路易·勒格朗（Louis Legrand）穿着双轮直排轮滑鞋表演。勒格朗也曾向其他的演员介绍过轮滑的诀窍——首先得习惯更容易驾驭的四轮轮滑鞋。这部歌剧取得了巨大的成功，同时也使年轻人敢于在平坦的人行道上穿着勒格朗式的轮滑鞋——在美国亦产生了相同的效应。轮滑由此流行了起来，尽管此时主要还是作为一种在有木制地板和乐队的大厅里进行的社交活动。1851年，《伦敦新闻画报》(*The Illustrated London News*)报道了柏林最新的奇景：在科尔索大厅内的啤酒馆里，服务员无论男女，统一在工作时穿着轮滑鞋。在柏林的啤酒屋里，店家总能玩出点新花样，好来吸引顾客。不过热衷采用新鲜事物的人总归是少数，因为到目前为止，吸引客人的手段通常还只是让服务员穿奇装异服。

但若是想要完全比肩花样滑冰，此时的轮滑鞋仍不具备滑出流畅曲线的能力。遗憾的是，当时在欧洲并没有人想出解决这一问题的办法。而在大洋彼岸的纽约，一位名叫詹姆斯·普林普顿（James Plimpton）的年轻家具商人开始崭露头角，他与他的兄弟（一位教师）共同创办了一家充满朝气与活力的家具制造企业。然而，伴随着企业蓬勃发展而来的，是他身上越来越多的健康问题，医生建议普林普顿去溜冰。他在夏天对比了轮滑鞋与花样滑冰——穿着前者只能直线行走，而后者可以滑出优雅曲线——并分析了彼时轮滑鞋的缺陷。在这一观察的基础上，他又进行了长达两年的实验，然而终是徒劳，毫无结果的实验只令他白白花去了25000美元。不过，他最终还是成功研制出了"圆轨轮滑鞋"（circular running roller skate）。作家查尔斯·狄更斯生动形象地将其描述为"摇摆轮滑鞋"（rockable skate），这种叫法被保留至今。这种轮滑鞋的前轴和后轴上各有两个滑轮，分别安装在一个半球形的橡胶块中。当固定橡胶块的鞋底向外倾斜时，外侧的前轮和后轮会被朝着相反的方向挤压，从而滑出一个圆弧形的轨迹，内侧滑轮的运行原理也是如此。

现在，人们终于可以穿着轮滑鞋做出足以媲美花样滑冰的优美动作了。此外，普林普顿也是一位优秀的产品推广师。他在自己位于纽约的家具店中搭建了一组由混凝土制成的轮滑赛道。一个成功的商业模式由他打造的这项娱乐设施衍生而来，他凭借令人惊叹的商业头脑一步步建立了一座具有世界级影响力的授权经营轮滑场帝国——这可能是有史以来最早的特许经营商业模式之一。现在，甚至连加尔各答的民众也有机会体验轮滑的乐趣——要知道在此之前，那里由于缺乏合适的温度，溜冰纯粹是天方夜谭。普林普顿甚至为轮滑场的加盟商提供了"月度最佳轮滑手"的奖牌。轮滑鞋在他那里只供出租，不供销售。这种极致的垄断让人联想到二战后IBM公司的大型计算机同样是只接受客户租赁。每隔几年，租户们就会被告知，之前旧的租约不能再续期了，想要续租的客户只能重新租用一款新产品——当然这意味着涨价。与此同时，有多达150项与普林普顿针锋相对的专利被注册，人们试图以此撼动他在行业内的垄断地位。每当面对这种情况，他会打印一封正式信函，且每次都能在法庭上胜诉。他的轮滑场慢慢发展成为上流人士的社交聚会场所。同他合作的特许经营商赚得盆满钵满,普林普顿本人也成为了千万富翁。1865年,欧洲大陆的第一批"普林普顿轮滑场"在伦敦和巴黎的市中心落成。一夜之间,学习平衡技巧成了一种时尚。从未打消对于平衡的恐惧感的人,即"人—单轨车—道路"这一系统中最为薄弱的一环,已经成为了过去时。在这一时期,每个法国人都会对自己说:既然我连双脚下的滚轮都可以克服,又何苦要在骑德莱斯车的时候不停地用双脚蹬地呢?——根本就是多此一举嘛!

发明权之争

当时人们到底是如何想到,要在自行车前轮上安装连接脚踏的曲柄?这时至今日仍然是自行车历史研究中最具争议的问题,并且可以预见的是,这还将在未来很长一段时间内成为国际自行车历史会议(ICHC)的重要课题。历史学家在这一问题上众说纷纭,不仅仅是由于缺乏与之高度关联的文献记载,最主要的原因是当时以及后来的利益相关方缺乏诚信。例如,当时新产品的广告经常声称自己售卖的是专利产品,而读者根本无法核实这样的宣传是否属实。而且无论怎样,这些虚假的广告宣传都无需承担法律后果。此外，发明权问题经常引起激烈争论的另一个原因是，历史上的发明只有少数是全新的，多数是建立在前人成果基础之上的改进版本。自行车的情况也是如此：连接脚踏的曲柄早已有之，游走于千家万户间的磨刀工很早就有能力制做这一配件，如今的不同之处在于，曲柄是用于手部驱动还是腿部驱动。1865年诞生的"全新事物"，实际上是指双脚同时蹬动脚踏并保持平衡——从那时起，双脚彻底摆脱了对于地面的依赖。

若要理解围绕自行车演进史形成的关于发明顺序的罗生门，最好是从19世纪90年代的视角出发，当时的欧洲诸国正陷入一场经济战，这随后导致了第一次世界大战的爆发。在此之前，法国于1870年至1871年的普法战争中被普鲁士战败，不得不屈辱地支付巨额战争赔款，这些款项后被用来修建德意志帝国联邦中各公国境内的奢华建筑。正是在这一时期，初创于1884年的德国自行车协会不断发展壮大，并于1893年在德莱斯的出生地卡尔斯鲁厄捐赠了一座纪念碑，以向这位发明家致敬。德莱斯的遗骨被人从旧的公墓转移到卡尔斯鲁厄，并为他树立了一座符合其身份的墓碑。作为参与过巴登革命的早期民主人士，德莱斯从意识形态角度来看实际上仍然是当局的敌人，但协会成员此举所彰显的爱国主义精神能够掩盖不妥之处，因为纪念活动昭示了自行车是德国的发明。

早在1890年，为树立纪念碑而进行的募款活动就已经在全德范围内拉开序幕。而在莱茵河另一边的法国，这一消息则引起了民众的不满。《自行车，法国之子》（*Le vélo fils de France*），正如这本书书名所宣示的那样，自行车难道不该是属于法国的发明吗？有一位名叫路易·鲍德瑞（Louis Baudry）的记者，此前他只写出过一本反响不错的书——《闺梦》（*Mädchenträume*），还曾经自封了一个别致的贵族头衔"德·索尼耶"（de Saunier）。他于1891年在巴黎提笔，并在极短的时间内从法国与自行车有关的报刊中搜集材料，编撰出了一本200页的《自行车通史》（*Histoire générale de la Vélocipédie*）。这本书一经问世便畅销一时，仅在头一年里就三度再版。

当时的法国人一定对他书中所写的内容深信不疑，可他的那些论述若是放在今天，则很难再令读者信服：

"《法兰克福条约》引起了法国人的思考，并且他们很快恍然大悟：此前听说是莱茵河对岸的一位智者发明了德莱斯车——事情当真如此吗？人们于是去翻阅古老的典籍，遮蔽了真相的尘埃消散殆尽，沉睡的历史真相徐徐展开——他们终于发现在德莱斯之前就已经有过好几位发明家,是他们的努力促成了自行车的诞生,而来自巴登的德莱斯只不过是前人创意的窃取者,正如后来的德国人被证实是劫掠钟表的盗贼一样。"

一番多么"精彩"的陈词。如今在无数德国人家中客厅内静静摆放着的,那些秀美洁白的陶瓷钟,难道都是我们的先辈从普法战争中掳掠得来的战利品吗?

鲍德瑞本人显然也并不确定这个所谓形似兽头、移动僵硬、没有方向操控装置、更没有可靠记载的德莱斯车到底是个什么样子——据说早在1791年法国大革命时期,就有一位西弗拉克伯爵(Comte de Sivrac)曾在巴黎骑过类似的车。而如今,鲍德瑞的作品正巧在西弗拉克伯爵骑行首秀的百年纪念之际问世。照鲍德瑞的说法,也就只剩下操控方向的车龙头还能算作德莱斯的发明了。即便真是如此,德莱斯的贡献也是至关重要的,因为人在不能轻易变换方向的僵直的步动车上最多只能保持几秒钟的平衡——除非他是名手持平衡杆的杂技表演家!无论鲍德瑞所写内容真实与否,第一部以书籍形式呈现出来的自行车历史就此诞生了,尽管它自诞生之初就受到狭隘爱国主义的裹挟和歪曲。一位法国历史学家在二战后证实,唯一能够确定真实身份的就只有一位来自图卢兹的让·西弗拉克（Jean Sievrac），此人直到1817年才获得了进口一种轻快马车的特权，法国人称这种车为"Célérifère"——请注意，这可是一辆四轮马车！

在卡尔斯鲁厄树立的德莱斯纪念碑委实让法国大大小小的自行车协会坐立难安。他们急忙地把目光投向了下一项发明的争夺，即于1865年诞生的通过曲柄驱动前轮的自行车。由于事态紧急，刻不容缓，法国的自行车协会大概没有什么富余的精力可以花在仔细研究上，于是他们选择了一位名叫皮埃尔·米肖（Pierre Michaux）的钳工，他最初曾作为奥利维尔三兄弟的办事人在巴黎接管了自行车生产工作——具体事务由他出面，而奥利维尔三兄弟则隐于幕后。他们的父亲兼出资人在阿维尼翁拥有一家化工厂，正是因为他不想让儿子们颇具风险的生意给自己的良好声誉带来负面影响，奥利维尔三兄弟的生意才需要一位傀儡办事员。实际上，具有移民背景的皮埃尔·拉莱芒（Pierre Lallement）从1866年起就在美国拥有了曲柄自行车的专利，但由于他的姓氏听起来简直同"l'allemand"（法语词，意即"德国人"）一模一样，这么一个人根本无法成为法国人所急切寻找的民族英雄。因此，人们于1894年在米肖的出生地巴勒迪克树立纪念碑，并举行了盛大的落成典礼。

让我们回过头来再看看1865年的发明次序罗生门，到目前为止，问题真正的痛点还未曾被触及：既然不同方面各执一词，那一方就得赶紧把自己的发明经过以书面形式记录下来。这项工作由皮埃尔·米肖（此时他早已去世）的小儿子亨利与巴勒迪克市市长共同协商完成。在由他们二人推定的发明诞生的年份，亨利还只是个毛头小伙。经商定后的内容如下：

"1861年3月……住在韦尔纳伊街的布鲁内尔先生带着他的两轮车来找我父亲修理前轮。当天晚上，我19岁的哥哥欧内斯特在蒙田大道上试骑这辆车。回来之后，他当着我的面对我父亲说：'我在上面可以很好地保持平衡，但这个过程中我要让腿保持抬高的状态，实在太累人了，用脚蹬地也没有这么累。'我父亲答道：'那么，你在前轮上安装两个踏板试试，这样当你在起步以后保持平衡状态时，你就可以把脚放在踏板上。或者最好这样做：为了让腿部得到休息，可以在车轮中间加装一个曲柄轴，双腿可以像推磨盘一样使它转动。然后我的哥哥立即实践了父亲的想法。"

据此，曲柄脚踏就是这样才被安装到了德莱斯车上。这个看似美妙的故事却暗含着两个无法掩盖的漏洞。首先，已知的第一份关于曲柄自行车的报纸新闻并不是来自巴黎,而是出现于 1866 年,来自布雷斯地区布尔格;其次,最近有一份内容与之完全不符的声明被公之于世,来自皮埃尔·米肖的合伙人勒内·奥利维尔(René Olivier),他于 1869 年将米肖告上法庭,并为律师提供了以下陈词:

"在若干年前,有一位工匠前来毛遂自荐,声称可以在旧式的步动车上加装曲柄。我不知道米肖先生的儿子是否清楚这一经过。但可以肯定的是,这位工匠手头有一辆三轮车(指有三个轮子的步动车),且车的前轮装有曲柄;他拆卸了三轮车,并把它改造成两轮车。这就是他唯一的发明,即把带曲柄的三轮车改造成了带曲柄的两轮车。"

现在我们需要面对的是两则相互矛盾的发明史叙述,但事实真相只有一个。五年后,一本法国的自行车图书以基本相同的方式再现了第二种说法。我们不妨假设亨利并不知晓这个版本的发明史,因此全然天马行空地同市长一起拟写了一篇在他们二人看来都很合情合理的故事。当然,我们还可以假定勒内·奥利维尔也是这么做的——他一定认为,从曲柄三轮车过渡到曲柄两轮车似乎是一个理所当然的发明演进过程,因为这是在新式自行车爱好者中间十分流行的学习方法:即首先练习在三轮车上保持平衡,然后再去试着驾驭两轮车,当时甚至还出现了可以在三轮车和两轮车之间切换形态的交通工具。抑或还有这样的可能:实际上在更早些时候,曲柄三轮车在巴黎就已经相当普遍了。这里有一份来自当时旅欧的清朝出洋考察团的报告,他们于1869年途经巴黎。以下内容是在他们回国后印制的:

"见游人有骑两轮自行车者……造以钢铁,前轮大后轮小,上横一梁。大轮上放横舵,轴藏关键,人坐梁上,两手扶舵,足踏轴端,机动驰行,疾于奔马。"[1]

上面这段描述值得在两个方面引起人们的注意:第一,人们此前认为,德莱斯车于19世纪60年代以前就已在各地销声匿迹。而如今有了上述这则材料的佐证,我们可以判断在彼时的巴黎仍有德莱斯车。难不成德莱斯车在法国从未被禁止过,并且一直存续到了1866年?还是说在禁令实行的过程中有什么原因使它重新合法化了呢?例如奥斯曼省长在城市中规划的沥青碎石路就有可能是德莱斯车在巴黎复兴的重要因素。第二个值得注意的地方是,在1866年,装有脚踏的自行车就已经成为巴

---

[1] 张德彝,《西海纪游·乘槎笔记·诗二种·初使泰西记·航海述奇·欧美环游记》,岳麓书社,1985年,727页。

黎城市街景中引人注目的一项元素,尽管我们尚不清楚这些自行车是两轮结构还是更为稳定的三轮结构。研究人员对此几乎一无所知,希望目前正在推进的历史报纸数字化处理能够为我们带来更多1866年以前的自行车信息。如果那时道路上已经有人在骑曲柄三轮车,那么至少可以说明勒内·奥利维尔所叙述的发明故事是有一定可信度的。如果不然,那么亨利·米肖(Henry Michaux)的说法可能更可靠。当然上述推理的前提是将皮埃尔·拉莱芒排除在真正发明者的候选人之外。

然而,拉莱芒在后来与美国自行车行业巨头阿尔伯特·波普(Albert Pope)的专利诉讼中栽了跟头。他承认,看过自己自行车试骑秀的观众说他们曾见到过与之类似的东西。随后,美国的一些自行车杂志称他为"江湖骗子"。但事实真相也并非一定如此,也许他只是被咄咄逼人的起诉方律师吓倒了,因此妥协了,抑或是围观他试骑的路人只是联想到了当时的确在法国存在的、用曲柄驱动的三轮儿童车。更加令人困惑的是,关于曲柄到底是如何被人安装到步动车上的,除了上述几个可信度较高的说法之外还充斥着形形色色的说法,笼罩在这一问题上的迷雾可能永远也无法被拨开了。即便是150年以前的人,他们远比我们更加靠近历史真相发生的时间点，然而他们对此也同样一无所知。法国官方坚称米肖就是曲柄自行车的发明者，即使有许多材料足以表明这不过是当时情急之下所做的一个草率论断。而在大洋彼岸，许多美国人选择继续相信移民拉莱芒是曲柄自行车的发明者，因为他在1866年获得了美国的技术专利。

阿维尼翁的化工产品制造商儒勒·奥利维尔（Jules Olivier）的三个儿子在巴黎中央理工学院学习机械工程，他们在生命中的某个美妙时刻邂逅了步动车，并为之着迷——尤其是年纪较小的艾梅和勒内。据勒内·奥利维尔说，"大约在1864年"，他在巴黎从马车制造商"萨金 & 梅布"（Sargent & Maybou）那里买来了一辆步动车，准备把车送到他父亲的工厂里进行仿制。次年，奥利维尔兄弟二人同他们的大学同学乔治·德·拉·布格利斯（Georges de la Bouglise）骑着步动车从巴黎到阿维尼翁，用好几天时间进行了长达750千米的旅行。但在旅行发生的1865年，他们所骑乘的是三轮车还是两轮车，又是否装配了曲柄呢？在法国，人们认为这趟旅途的三个参与者都骑着双轮曲柄自行车。然而，目前尚无有力的证据可以证明这一说法。因此我们可以暂且认为，在半个世纪以前，这种长达800千米的远途旅行就已经可以靠没有曲柄的德莱斯车完成了。在那次旅行结束之后,奥利维尔一家人决定生产曲柄自行车,并在巴黎寻觅到一家有能力为这一产品代工的企业。他们选择了钳工皮埃尔·米肖,后者可以用一种在当时十分先进的制造技术,即易于锻造的韧性铸铁,来生产铁制马具以及马车配件。目前我们还无法弄清,米肖是在遇到奥利维尔兄弟后才开始制造曲柄自行车的,还是之前就已经开展了这项业务。毕竟我们手头仅有的资料是1867年底印制的商品说明手册,这表明米肖可能自那时起就已经开始接受勒内·奥利维尔的资助了。因为此时的米肖已经负债累累,是奥利维尔家族帮他还清了所有的债务。乔治·德·拉·布格利斯打造了可以用于自行车生产的工具。现在一切就绪,只等着大干一场。

从巴黎到德国

1868年8月,国民报纸《莱比锡画报》(*Leipziger Illustrirte Zeitung*)为德国的读者带来了巴黎曲柄自行车的第一篇新闻,配有一副图片,内容标题是:《自行车——来自法国的新型交通工具》。

另一份莱比锡的报纸也写道:

"这种娱乐方式的兴起得益于在巴黎铺设的碎石沥青

路。因此，该交通工具在其他地方是否能取得与在法国首都同样好的效果，前景并不明朗。"

该报正确地判断出，奥斯曼省长在巴黎老城区的"大手笔"工程——修建宽阔的林荫道，即是该地重新掀起自行车热潮的重要原因。我们了解到，直至1867年巴黎世界博览会结束很久之后，德国才出现了关于曲柄自行车的新闻报道。这或许可以表明，当时巴黎的自行车数量还不是特别多。当然，那个时候的报纸也有可能只是在等待曲柄自行车的第一批广告商出现，才予以报道。而在德国，直到1868年下半年才有了第一家曲柄自行车制造商。人们通常会把今天的施瓦本地区称为"汽车之乡"，其实符腾堡王国从1868年9月起也已经称得上自行车国度了。正是在那时，穆勒（Müller）和宾德（Binder）在斯图加特开办了德国第一家自行车工厂，并在莱比锡设立了分公司，其产品主要出口到瑞士。次年，在符腾堡州的厄林根出现了第二家生产自行车的厂商——雅克布·科特曼（Jakob Kottmann）的农业机械厂，这家企业一直存续到了今天。时过境迁，其业务已经转变为了学校家具。符腾堡州的实业家费迪南德·施泰因拜斯（Ferdinand Steinbeis）则略显行动迟缓，他在自己的样品仓库中展出了一架巴黎造的曲柄自行车，展期为一星期，以鼓励当地工匠对样品进行复制或改进。而对于来自巴登的实业家海因里希·迈丁格（Heinrich Meidinger）来说，情况则完全不同。为了操办展出，他也在巴黎订购了一辆曲柄自行车，他自己也会靠骑自行车来缓解偏头痛。由于他在一份关于交通工具的报告中提到了卡尔·德莱斯的发明，他的文章被迫从行业刊物中删除——因为德莱斯死后仍被认为是国家公敌。如今只留下了当时的配图，在无声地向后人诉说着这篇文章曾经的登报计划。巴登没有一家曲柄自行车制造商的原因很可能也在于这样严酷的政治氛围。尽管如此，全德范围内很快就有了近40家曲柄自行车生产厂商，其中就包括来自不伦瑞克的海因里希·比辛（Heinrich Büssing），他晚年甚至还和自己的几位儿子一起创办了一家卡车工厂，使得"比辛"这个品牌闻名于世。比辛还建造了若干台"旋转自行车"（类似于旋转木马），这些器材被带往不同的地方进行演出。付费的乘客可以蹬动排列成一圈的自行车，在这一过程中不会有丝毫摔倒的危险。

那么自行车的热潮到底是如何在德国掀起的呢？来自莱比锡的教师古斯塔夫·阿道夫·施泰因曼（Gustav Adolf Steinmann）描述了这一过程：

"关于这一新发明的报道刚一在报纸上出现,就使我产生了浓厚的兴趣,以至于我根本等不及想要亲眼看看它的模样,并且渴望自己也能拥有这么一辆车。于是后来我成为了最早的一批自行车用户,得到了一辆从外地运至莱比锡的自行车(可能来自斯图加特),并在极其困难的条件下开始练习骑行:当时正值寒冬(1868年与1869年之交),但即使是恶劣的天气也无法冷却我骑车的热情。当然,初学阶段是有些费力不讨好,以至于一部分原本热衷于此的人很快就畏难而退,其中不乏与我关系亲密的熟人。其中只有两个人执着地坚持了下来,我们最终得以共同克服了一系列起步阶段的困难;在这一过程中,困难的出现反而会令我们愈发地喜爱这件新到手的家伙……这样一种新型交通工具具有重要的社会意义,人们对它的热情也正以十分可观的速度与日俱增,而且鉴于工程学在我们身处的时代已经达到了相当高的水准,谁又会怀疑这项新发明蕴含着最终实现一个宏大目标的能力呢?"

施泰因曼在他的指南手册《自行车的历史、构造、用法和推广》(*Das Velocipede – Seine Geschichte, Konstruktion, Gebrauch und Verbreitung*)的序言中如是写道。该书早在1869年就已经出版,此后便很少再有作者专门为曲柄自行车撰写书籍。

德国自行车领域的另一位先驱是来自曼海姆的一位公司雇员,当时还默默无闻的他将在日后声名大噪:卡尔·本茨(Karl Benz)。他那时在曼海姆一家机械制造公司的设计室工作。在40年后的一次谈话中,他告诉采访人:

"在那时,我的生活中有一件事曾一度将我的人生追求引向了另一个方向,不过现在看来,那段经历对我实现原本的目标仍是大有裨益的。我的一位好朋友[指威廉·瓦尔特(Wilhelm Walther)]购得了一辆自行车……其前轮直径为90厘米,后轮直径为80厘米,脚踏直接连接在前轮轴上,轮胎是铁制的。它当然还没有采用滚珠轴承。这辆自行车正是我的理想型,甚至比我理想中的构造还要更为精简。现在,我无需假以骏马就可以在乡间小路上飞驰,亦无需使用成本高昂的蒸汽机车,而只用凭借自己身体的力量。不过,我也并非从一开始就会骑车。但在短短两星期后,我就已经谙熟了骑车的要领。有谁能比那一刻的我更感得自豪呢!当我骑车穿过曼海姆的大街小巷时,会引起身畔人群的骚动;而当我在街边的某个小餐馆门前停下,落车而入时,也会使旁人投来惊异的目光!"

本茨从他来自曼海姆的朋友瓦尔特(二人是赛艇运

动中的"桨友")那里买来了曲柄自行车。瓦尔特的另一重身份实际上是斯图加特的自行车工厂"穆勒 & 宾德"（Müller & Binder）的代理商，他在曼海姆地址簿上刊登的广告证实了这一点。另一本于15年后出版的《卡尔·本茨，一位德国发明家的人生：1844—1924》（*Karl Benz - Lebensfahrt eines deutschen Erfinders 1844–1924*）一书，用类似自传的笔触更为生动细致地记述了这一过程：

"有一天，我的朋友——印刷厂老板瓦尔特，过来找我。他结束了在斯图加特的旅程，刚刚回来不久。在那里，他见到了造型雅致的竞速自行车，并且想尽了一切办法，动用了一切手段，最终得到了这么一辆（他走路时腿脚不便，这一点使他骑车的欲望十分强烈）。然而，买车还不算难，真正的挑战在于学会驾驭这折磨人的玩意儿。在许多次尝试过后，他依然不得其法。因此他很快就厌倦了这种古怪的运动，四处寻找有意购买它的下家。他知道我的喜好向来与众不同，自然猜到了我会喜欢上这辆车……经过了十四天艰苦的练习，我终于能够驾驭它了，这可是我的那位朋友始终未能练就的本领。然而，要在曼海姆颠簸不平的路面上保持车辆平衡，绝非易事。但这匹蹦蹦跳跳的'马儿'必得听从我的指令，它最终也的确能做到对我服服帖帖。我甚至给它分配过好几次略显繁重的任务,骑着它在乡间进行长途旅行(例如从曼海姆至普福尔茨海姆)。"

在卡尔·本茨踏上自行车长途之旅前,他的妻子就已经于1888年带着两个儿子乘坐装有发动机的自行车前往普福尔茨海姆,这趟旅程也曾轰动一时。然而在上述这段叙述中,具有讽刺意味的描述值得引起我们的注意:"古怪的运动","折磨人的玩意儿"。这样的形容词似乎不该出自钟爱自行车的本茨之口。不过只要你看一眼此书的出版合同,答案就显而易见了——这份书稿合同根本就不是与卡尔·本茨本人签订的,供稿人实际上是他的女婿卡尔·弗尔克(Karl Volk,一位地理教师)。这样看来,想必一切都水落石出了吧。这位本茨的代笔者于创纪录的短时间内,在遥远的博登湖北岸市镇于伯林根,以第一人称写就了这本自传——很显然他并未就书的内容征求当时住在拉登堡(一座曼海姆附近的城镇)的老岳父的意见。还有一点可以佐证此书并非出自本茨之手:自传中并未出现一字一句对于赛车运动的批评,而对赛车的批判在本茨最具代表性的几则采访中都被反复地提及。尽管如此,一代代的汽车行业记者都将这本传记奉为圭臬,反复从中引用"卡尔·本茨的话";而在没有认真核校并澄清书中内容的情况下,一些出版商至今仍不断再版这本粗制滥造的"自传",更有甚者还在发行这本传记的英译版。

曲柄自行车并没能立即点燃德国人的热情。与德莱斯身处的时代不同,如今的人们有了铁路——一种更为快捷和干净的运输方式。施泰因曼对此进行了分析:

"同自行车相比,铁路无疑更快,但它所能提供的是一种依靠机械的、粗暴且僵硬的速度,而自行车的行驶速度直接来自骑手本身,即一种个性化的、灵活的速度。是快是慢,全取决于骑手,全可依据心情的变换进行调整,它的存在证明了神经中枢(以及人体肌肉)的强大力量。"

据猜测,各地很快又立即出台了禁止在人行道上骑自行车的法令。在科隆的整个市内区域,自行车禁令从1870年一直持续到1895年。施泰因曼道出了其中原委:

"到底是什么原因使得这台无辜的机器——无论是在公开场合还是在不为人知的隐蔽角落——处处树敌呢?是因为除骑手外的其他人害怕,他们在公共林荫道上闲适的漫步时光会被潜在的危险所破坏?这当然只是一部分原因,而且只有缺乏经验的自行车新手才会在人行道上横冲直撞,酿成安全隐患。恰恰相反,训练有素的自行车手即使是在熙熙攘攘的步行道上也能做到游刃有余,如蝴蝶穿花般干净利落。这些娴熟的骑手非但不会危害行人的安全，相反还能使得街道更加热闹……这些年轻人兼具胆量和技巧，要是他们当初成功地使这项娱乐活动在民间普及，那该多好——一旦有更多人亲自尝试骑车，亲自确认了自行车并非洪水猛兽，当局至少会向自行车手们开放一部分时至今日仍被全盘禁止骑行的人行道和林荫道。"

因此，为了更好地同政府抗衡，并方便长途骑行活动和组织自行车比赛（通常是由当地的制造商或经销商发起的），自行车爱好者们自发地联合起来组成协会也就不足为奇了。迄今为止比较有影响力的自行车协会重镇包括阿尔托纳（最初在艾姆斯比特尔）、汉堡（圣格奥尔格区）、汉诺威、柏林、马格德堡、莱比锡、亚琛、曼海姆以及慕尼黑，存续至今的"汉堡–阿尔托纳俱乐部"是其中历史最为悠久的。精明强干的维也纳商人弗里德里希·毛雷尔（Friedrich Maurer）能够召集当时的社会名流，齐聚在"维也纳自行车俱乐部"，列席的人物包括图恩和塔克西斯亲王，而在彼时的德意志邦联中不会有这样的上流人士参加自行车协会的活动。在这一时期，为了拥有一块可供骑行的场地，人们往往会建造自行车道（例如在曼海姆）。这有些类似于今天的私人飞机场——

当然，这种自行车道是不允许从某个人自己家门口开始修造的。在自行车禁令的大背景下，携带自行车往返于居所与专用赛道之间肯定是不现实的，于是乎有许多俱乐部成员都把他们的自行车寄存在运动场地。依此看来，除参加骑行比赛或进行技巧性展示以外，自行车实际上无法发挥什么其他的用途了。1869年阿尔托纳工业展览会上的自行车赛组织方案得以保存了下来：比赛共有三种赛道长度——750米、1000米以及1500米；在前两项比赛中，前轮的规定直径为至多90厘米。在26名报名比赛的骑手中，有11人本身就是自行车制造商；在所有参赛选手中，甚至还有三名是高中生。比赛不记录时间，因为统计各选手到达终点的次序就足够了。在维也纳的一场比赛中，自行车进口商、同时也是赛事组织者的弗里德里希·毛雷尔以2分03秒的成绩赢得了1000米比赛的冠军（平均速度为每小时29千米），遥遥领先于第二名2分20秒（平均速度为每小时26千米）的完赛成绩。除此以外毛雷尔还在一场女士比赛中亲自执教，为女士们进行自行车培训。他此番的成绩并不适合与1829年慕尼黑德莱斯车比赛中选手所取得的每小时22千米的成绩直接进行比较，因为后者的时速是根据在30分钟内完成11千米骑行距离而测算出来的平均值。在一千米的骑行距离以内，自行车的速度肯定更快；但若论长距离的平均速度，德莱斯车也未尝不可同自行车一较高下。

据《莱比锡画报》报道，维也纳自行车俱乐部最终得以迫使当局对全市范围内的自行车禁令进行了宽松化处理：

"维也纳市政厅发布了以下关于自行车的最新法令。为了避免事故发生并维护公共安全，今后政府将要求自行车骑手在夜行时照亮他们的车辆，以便旁人从远处就能观察到他们。在白天，他们必须遵守哨声指示信号，在过街横道、桥梁和街道拐角处必须减速慢行。违规者将受到惩罚。"

在夜间照亮自行车，这一任务需由烛灯和油灯来完成。当时也还没有发明出自行车车铃。

除了施泰因曼所写的那本指南手册之外，这一时期几乎再没有任何关于自行车可供参考的史料了。1869年11月往后的一系列广告完全出乎人们意料——根据广告内容，来自斯图加特以及其他一些地方的厂商抛售了多达150辆自行车以及大量的半成品零件。突然之间，蓬勃发展的自行车行业急转直下，一蹶不振。连比辛也改行去研究铁路信号技术了。从这时起，维也纳的毛雷尔开始将主要精力投向轮滑领域。1870年7月19日，法兰西第二帝国皇帝拿破仑三世向普鲁士宣战。与多数人的猜测恰恰相反,自行车的衰落并非发生在普法战争后,而是始于本次战争爆发的前一年。不过,自行车日后还将重返巴黎,在那里东山再起。

巴黎公司——第一家自行车工厂

在巴黎这个坐落于欧洲大陆的科技大都市,自行车并未停滞不前。那里的主要客户群体与德国相去悬殊——主要是在运动领域颇具雄心的家境殷实的年轻人,就像公司的新主人勒内·奥利维尔一样。他借鉴马术比赛组织举办了自行车赛,并成功将之转化为自己的营销工具。其实早先就已经有人将障碍跑移植到了马术运动中,在赛道中增加斜木板作为障碍。1868年,这样的自行车赛在波尔多首次举办,之后很快就传遍了法国各地,并且还出现了女子比赛,吸引了大量的观众。在德国举办的寥寥数场自行车比赛似乎更像是对法国原版的东施效颦,效果不佳。在一系列比赛中,一位名叫詹姆斯·摩尔(James Moore)的英国年轻人脱颖而出,他最初以2分35秒的成绩骑完了长度为0.5千米的赛道,即以平均每小时12千米的速度完赛,并不比德莱斯在1817

年的步动车首秀更快。在比赛过程中，撞车事件频繁地发生，而且时不时也会酿成严重的后果——甚至在所谓的"慢骑比赛"中也是如此（即比赛中骑行最慢、用时最长的人获胜）。当然，这类比赛主要是服务于自行车厂商的产品性能展示，商家往往会借助这一渠道将他们的最新型产品推向公众视野。《环球微观报》（*Petit Moniteur Universel*）的一篇总结报道宣布，1868 年为"自行车年"。

自行车的市场需求量稳步上升，这正是生产厂商所希望看到的，而且它们在世界博览会之后收到了大量来自国外的订单。不久之后，巴黎以及法国南部的 40 家曲柄自行车厂商开始供货，货品中的一部分还是完全木制。米肖面临着库存严重短缺的困境，这使得他与奥利维尔家族之间产生了重重矛盾。初代的蛇形铸铁车架十分容易断裂，且一旦断裂后就无法再进行修复，因此不可避免地会惹恼客户。在此期间，勒内·奥利维尔和他的兄长艾梅·奥利维尔（Aimé Olivier）迎娶了来自马赛的船业大亨让-巴蒂斯特·帕斯特雷（Jean-Baptiste Pastré）的两个女儿，帕斯特雷后来也参与了奥利维尔兄弟公司的经营。

曲柄自行车的车架形态由蛇形改为从龙头到后轮轴的笔直对角线，然后这一部件被放在帕斯特雷的船厂用钢材锻造，损坏的车架自然也可以在那里进行修理。铁路运力为制造商采用这种分散式生产过程提供了条件。装配工作一如既往在巴黎进行，并且产能迅速达到了每天12辆。不久之后，这条装配线每周就能产出100辆自行车。

到了1869年，公司终于迎来了一轮重组，奥利维尔三兄弟成为公司合伙人，其家族同现年55岁的米肖之间的合作关系也最终走到尽头。米肖继续坚持使用韧性铸铁来锻造车架，这令奥利维尔兄弟深感不满，此外据称他曾贪污过数笔资金。然而在此之前，米肖已经获得了奥利维尔家族的一项自行车技术专利。人们不禁要问，为什么他们仍要将这项专利保留在一个代理人的名下？除了对角线形的锻钢车架外，这项专利还涵盖了一种拉线式刹车（刹车装置配有滑轮，从而使骑手能够更好地发力），以及经过开槽处理、可以灵活调整脚踏的曲柄。脚踏上挂着配重物，以便可以固定保持在水平位置；配重物中有松果，还有一枚储油罐，用于润滑脚踏轴。上述这些技术上的改进之处都被吸纳进了第二代曲柄自行车中，现在它将作为"巴黎公司"品牌旗下的产品组装下线。厂商争分夺秒，紧锣密鼓地安排起新品发布工作。他们在报纸上刊登广告，印制彩色宣传册（上面写着"时间就是金钱"),还专门设计了一张海报。新的公司负责人让－巴蒂斯特·戈贝尔(Jean-Baptiste Gobert)是勒内·奥利维尔的大学同学,在他的领导下,公司在技术创新上狠下功夫,努力打造骑行体验更加舒适的产品。他们为前轮和车把研发了缓震装置。新型曲柄自行车的另一个技术亮点是,在上坡骑行时可以增加曲柄长度,这是通过车把处的一个小杠杆来控制的。这些选配装置当然可以让自行车使用起来更加舒适,却也使得产品愈发昂贵。因此,巴黎公司生产的自行车一直是供尊贵客户享用的顶级产品。

市场上同时也出现了二手的曲柄自行车,而且价格亲民,普通人可以负担得起。在此期间,法国出版了十几本关于骑车的教学手册——这些书向读者保证,不靠驾驶教练也能自学成才。第一本自行车杂志《自行车画报》(*Le Vélocipède Illustré*)于1869年3月发刊,由作家维克多·雨果的私人秘书理查德·莱斯克莱德(Richard Lesclide)负责发行。著名女演员莎拉·伯恩哈特(Sarah Bernhardt)曾以自行车为道具拍摄照片,歌手布兰奇·德·安蒂尼(Blanche d'Antigny)则让人用油画记录下自己携着爱车的样子。后者被看作是左拉笔下小说人物娜娜的原型,而且作为一位风尘女子,她使得法国那些端庄而有教养的妇女对骑自行车望而生畏——柏林女子自行车协会主席阿玛莉亚·罗特尔（Amalie Rother）在30年后发现了这一点。一大批新的技术专利得到注册，其中一些应用在双人自行车或三轮车上，且此时已经可以借助链条来驱动后轮轴了。未来的航空领域先驱克莱芒·阿德尔（Clément Ader）为曲柄自行车上的实心橡胶轮胎申请了专利，这项发明使得铁制轮胎在巴黎林荫道的碎石路面上发出的吵闹响动归于沉寂。制造商儒勒－皮埃尔·苏里雷（Jules-Pierre Suriray）还为他曲柄自行车的前轮装配了两枚滚珠轴承，这些轴承使用的滚珠是他在狱中纯手工打磨而成的——此举为这一部件后来的重要地位奠定了基础。居住在巴黎的英国自行车竞速赛明星詹姆斯·摩尔立即使用了配备滚柱轴承的自行车，并在紧接着的数场比赛中连战连捷。虽然未经硬化处理的滚珠不能长时间地承受压力，但它们的优势已然得到了充分的证明。路易－纪尧姆·裴瑞奥（Louis-Guillaume Perreaux）的工厂专门生产精密测量仪器，他将一台小型蒸汽机与一辆曲柄自行车合二为一，摩托车的雏形由此诞生。经过十分钟的预热，它就能够以每小时14千米的速度行驶。

曲柄自行车

然而,第二代曲柄自行车在技术方面的亮点还是无法掩盖这样一个事实,即它给有意愿学习骑车的人制造了相当大的困难。初代曲柄自行车的座椅非常低,人的脚在骑车时可以触及地面;而在新型曲柄自行车上则无法实现这一点,因为座椅被安装在距离地面很高的钢板弹簧上,这样设计的初衷是为了使骑手能够更加轻松地蹬动脚踏。同时,上车也成了一个令骑手头疼的问题,而且这个问题直到很久以后才得到了解决——借助一种类似马车上才会有的登车踏板。在自行车配备登车踏板之前,驾驶教练必须用劲把稳车辆,直到学员在车上坐稳。如果骑手在行驶途中下车,然后需要重新上车,他们往往会在街头找一个无所事事的小伙子,给他一格罗申的硬币,然后请他帮助自己上车;除此之外,他们也会试着将自行车抵在墙上,然后自己爬上座椅。一家法国南部的厂商研发出一种辅助上车的工具——一种可以在骑行时贴靠车身折叠起来的支架。除了借助工具外,还有一种不建议初学者使用的"神风冲刺技术"(因骑手加速时的动作让人联想到日军二战时的自杀式战机而得名）：首先推着自行车加速奔跑，在达到一定速度后一跃跳上车座。在使用这种技术动作上车时，骑手可能会不小心撞到座椅，不过那还算是幸运的——若是撞到没有缓冲垫的钢板弹簧，那会使人痛不欲生。新型的曲柄自行车重达四十多千克，有德莱斯车的两倍重。一旦车身在行驶过程中倾斜到一定程度，车辆将变得难以控制，甚至会使人仰车翻。既然上车不易，下车过程也未必轻松，甚至存在一些风险隐患。这也就无怪自行车驾驶学校会如雨后春笋般在各地涌现。在转弯时，前轮与腿部会发生摩擦，因此骑车时最好穿上硬筒的高帮靴。该车在设计之初并未考虑骑行时带人的需求，但当时的一些照片显示，车座后方载重弹簧上的一个工具袋充当了乘客的临时座位。回过头来，有人不禁要问，除了全新的外观之外，曲柄自行车又有哪些改进之处呢？显然，人类最初对于平衡的恐惧已经得到克服，巴黎的碎石柏油大道也算得上一个明显的进步。因此，在"人—车—路"系统内的三个部分中，至少有两个部分已经得到了改善。但自行车本身变得更重了，操作也变得更加复杂——为了方便车辆的生产，制造商坚持使用金属架构，同时遵循马车的生产模式。也许在曲柄自行车上小幅度地蹬动脚踏要比在德莱斯车上大幅度地向后蹬地看上去更加从容优雅。德莱斯车的巴黎进口商在一项1818年的专利保护申请中写道：人们其实可以很好地修饰或掩盖自己在骑行时的"调整动作"（也就是大幅度蹬地的动作）。因此我们可以推断，步动车的驾驶动作在当时会被认为是令人尴尬且并不雅观的。

为了彰显曲柄自行车相比于步动车的优越性，米肖的公司在1868年出版的宣传册中以充满自信的骄傲笔触写道：

"在日常娱乐或者远途旅行时，还有什么比骑自行车更加宜人的活动呢？骑手的双脚不用着地，可以轻松坐在车上，这简直能够同骑马相媲美：平放双手，身体挺直，以随心所欲的速度行驶，没有令人感到不适的颠簸磕绊，而且一个人可以连续骑车的时间比持续站着或坐着的时间都要长。综上所述，在良好的天气条件下，骑行的过程只可能有一个缺点，那就是太短了，未及好好享受就已结束，无论怎么样的旅程也不会显得漫长。没有人会抱怨它缺乏实用性，除了那些经常恬不知耻地就自己一无所知的事物高谈阔论的家伙。似乎一切的发明都无法避免这样的厄运：其发明者非但没有得到褒赏，反而遭受到猛烈的抨击。还有什么东西能比一种随时准备好为主人效劳并乖乖恭候的交通工具更令人满意呢？只要客观条件允许，并且所在国家的现代化水平以及文明程度较高，自行车就可以大展拳脚，将人类的通勤效率提高数倍。有了自行车，我们的行进速度可以比骑马更快，同时又能比搭乘火车更为灵活地选择目的地。自行车可以延展我们的力量，放松我们的头脑，激发我们的工作热情；它在使旅行更加便捷的同时，还强健了我们的体魄。"

美国的自行车热潮

曲柄自行车传到美国的速度甚至比传到英国还快。早在1866年，外来移民皮埃尔·拉莱芒就同其合伙人为他的曲柄自行车申请了专利，但还未能开始生产。两年之后，汉伦兄弟（Hanlon Brothers）成功地开始生产自行车，他们是三位杂技演员，在舞台上和户外进行自行车表演。他们同样获得了曲柄自行车的专利，并委托纽约的马车工匠卡尔文·威蒂（Calvin Witty）进行生产。在那之后涌现出更多的自行车制造商，其中一些人还潜心制造木制的车辆。出于实用的考虑，许多人在骑车时也恢复了双脚与地面接触的坐姿，尽管这样一来就不能很好地发挥脚踏的作用。考虑到那个时代每周10美元的工资对于普通工人来说已经算是了不得的收入,此时自行车从75美元到150美元不等的定价是十分昂贵的。尽管如此,一场真正的热潮掀起了。正如在法国一样,许多驾驶学校建立起来,它们大多设在体育馆,抑或由轮滑场改造而来,自行车以每分钟1美分的价格出租给客人。这种从轮滑场复制而来的商业模式,为囊中羞涩的年轻人提供了参与体验新潮流的机会。现在,威蒂开始追溯性地向其他自行车制造商索要"汉伦专利"的使用许可费。当他听说拉莱芒也有曲柄自行车专利时,他从拉莱芒及其合伙人那里买下了这项专利,并贪婪地对在美国生产的每一辆曲柄自行车提出收取10美元的许可费——同样是追溯性的。这导致自行车价格上涨,就连租赁大厅里的资费也一并攀升,从而使自行车变得更为奢侈,只有少数富人能够负担得起。在这些傲慢的自行车主占领了人行道后,关于自行车的公众舆论从热情欢迎转为排斥拒绝。曾经降临在德莱斯车身上的厄运再次发生:包含罚款措施的禁令迫使骑手转移到肮脏崎岖的道路上行驶。对于外部环境要求较高的自行车在这些路段表现欠佳,因为它们没有配备挡泥板。人们对出租自行车的兴趣也在急速下降。待到1869年秋天,美国的曲柄自行车热潮已经宣告结束。

考文垂的机遇

让我们将视线再回到1868年11月的巴黎。考文垂一家缝纫机制造厂的一位年轻商务代表罗利·B. 特纳（Rowley B. Turner）将一台巴黎公司制造的曲柄自行车带回了英国。在两位朋友的陪同下，他于次年2月从伦敦骑往布莱顿，这趟旅行轰动一时，吸引了300多家报纸前来进行报道，从而使这种新式交通工具在英国家喻户晓。特纳成功说服了他的叔叔以及工厂管理层的其他人员，着手为法国市场生产曲柄自行车。他在帕斯考体育场的大厅里学会了骑车，并同体育场的经营者联合成立了"特纳 & 锡耶"（Turner & Cie.）公司，将在考文垂生产的自行车以"美国自行车"的名义进行销售。这种营销策略旨在暗示其产品来自自行车业已经蓬勃发展起来的美国，而不是来自默默无闻的英国城市考文垂。考文垂缝纫机有限公司成功把握住了良机，因为当时的缝纫机市场已经近乎饱和，竞争相当激烈。特纳所下的第一份订单是为他的新公司购买300辆曲柄自行车，这事实上奠定了考文垂向一座"自行车之城"迈进的基础。

考文垂之于英国,就好比比勒菲尔德之于德国——这座城市在日后成长为"汽车之城",其渊源大抵可以追溯至此。

英国对于自行车的需求量与日俱增。伦敦的一家公司从美国进口曲柄自行车,并于4月举行英国第一场自行车赛,吸引了多达3000名观众。与美国不同的是,英国没有那么多转行经营租赁曲柄自行车业务的轮滑场。相反,英国人对于马术运动以及博彩的嗜好彰显出了自行车的价值。在法国,自行车赛只是偶尔举行,且通常只出现在当地的节庆活动中,而英国赛马场的经营者则会定期举办自行车赛事,为骑手提供现金奖励和合理的赛程规划。就这样,自行车赛逐渐发展成为人们生活的一部分,车手可以以此谋生。与此前其他国家的情形不同,曲柄自行车在英国良好的发展势头并非依托于居民从郊区到城区的日常通勤需求。尽管自1869年年底以来,英国各地陆续出台了禁止在人行道上骑行的法令,使自行车在城市变得几乎毫无用处,而比赛场馆却安然无恙。虽然在英吉利海峡另一头的欧洲大陆,普法战争正在惨烈上演,但自行车赛事从未因此中断。正是这种如火如荼的赛事氛围为英国的自行车厂商提供了进一步发展的动力,致力于为热爱运动的年轻人生产出更好的自行车。这一时期的生产厂商逐步偏向于以赛车手的理想座驾为导向来打造自己的产品,有时也会举办私人赛事。可以毫不夸张地说,这股自行车的热潮正是凭着英国民众对体育运动的热爱才得以存续。

因为除了自行车禁令这一消极影响因素之外,轮滑版图在整个西方世界的持续扩张同样加速了曲柄自行车的衰退。这一趋势在维也纳表现得尤为明显——在那里,一位曾经的巴黎自行车进口商甚至在1869年秋天将他名下的驾驶学校改造成了一个有乐队表演的轮滑场。另外,由于法国在普法战争中的失利以及巴黎公社运动所引发的持续动荡,巴黎公司最终也被迫关停其自行车业务。

经营者们通过化妆舞会和音乐活动来吸引各个年龄层的客人光顾他们的轮滑场,轮滑因此成为了更具社交属性的运动,在民间更富吸引力。相比之下,更难操作和掌控的自行车处境愈发艰难,很快就被冠以"光棍车"的恶名。在此背景下,当时法国的一本书曾断言:"轮滑运动才是时代的弄潮儿。它已经凭借其优越性彻底取代了自行车。"

重塑自行车

到目前为止的曲柄自行车尽管有着金属车身,但车轮依然是木制的,原因很简单:要生产金属材质的车轮并不容易。车轮的重量不仅会影响自身的角加速度,还同自行车的直线加速度成反比,这一科学常识直到几十年后才被写入书本。不过机械师们一直以来能够凭借经验确定的一点是:纯铁制成的车轮无法保证骑手赢得比赛。但可以在设计时缩小后轮,从而使车体更轻。因此,在1869年于巴黎举办的系列比赛中,出现了越来越多后轮较小的曲柄自行车。同样是为了提高速度,骑行时由骑手直接驱动的前轮会被扩大——然而其尺寸已经达到了木制结构所能承载的极限。英国工程师托马斯·拉塞尔·克兰普顿(Thomas Russell Crampton)设计的蒸汽机车凭借其巨大的驱动轮被视作是这方面的典范。在那时,克兰普顿的蒸汽机车主要穿梭于包括法国在内的欧洲大陆国家。

木制且轻量化的自行车车轮构造要归功于车匠的精湛技艺。多数自行车采用了一体式的车头木制轮圈（也被称为"专利轮"）。车组件的固定完全依靠木制部件的紧固装置以及对铁制轮胎采用的压缩工艺，以使其贴合在木轮圈周缘——整个加工过程不需要使用木胶。花鼓是相对薄弱的一环，专门选用条纹榆木加工而成，这样可以避免花鼓因插入辐条而开裂。此外，想要保护花鼓，还必须在其外围加装一个小铁环。借助模具可以精确地在花鼓上钻出用来安装辐条的孔。由白蜡木加工而成的较粗的辐条，先在火上加热，然后被敲入孔中。在辐条冷却的过程中，末端吸收了空气中的水分并开始膨胀，从而被完美地固定下来。之后，辐条的另一端也以同样的方式被嵌入轮圈的孔中。最后，将经过加热处理的铁制轮胎围绕在轮圈上，它在冷却过程中会收缩并同木质组件紧紧地贴合在一起。

然而，由于环境湿度每天都在变化波动，道路上的坑坑洼洼容易使木质辐条的紧固装置磨损——这种使用损耗对大尺寸的车轮来说尤其严重，因为较长的辐条会产生更为明显的杠杆作用。在维修过程中，必须先将车轮完全拆分，待维修完成后再对铁制轮胎进行压缩处理。关于马车发生故障时因恰巧找不到合适的备胎而被迫长时间滞留的报道，在彼时的旅行文学中屡见不鲜。因此，法国的一家快速马车服务提供商将车轮视为易耗品，旧的车轮在行驶了 5000 千米的货运里程后就会完全磨损，需要用新车轮将其替换。为了获得更高的横向稳定性，人们倾向于使用双排辐条，但密布于其上的许多孔眼往往会削弱花鼓的耐久度，因此这些孔眼通常会交错排列。值得一提的是，上述工艺曾经就是德莱斯车的标准制造方案。之后，为了攻克花鼓技术，人们开始制造金属花鼓（通常采用青铜）以减小轮轴上产生的摩擦。于是，用金属制造辐条和轮圈的思路也被打开。法国在这一领域的第一项专利于 1867 年被授予路易·戈内尔（Louis Gonel），他提出用直径为 10 毫米的硬金属管作为辐条。另一位人物，即后来的航空领域先驱乔治·凯莱（George Cayley），早在 1808 年就提议使用橡胶条制造一种带有减震效果的马车轮。

如此一来，有两种不同的车轮结构方案可供巴黎的自行车厂商选用。对于像戈内尔提出的那种硬质辐条，其设计目的是更好地承载压力。粗略地讲，前后一对花鼓负载着马车的重量，花鼓依靠各自下方连接的辐条来支撑。与承载压力的硬质辐条不同，橡胶辐条的使命是承载张力，因为任何程度的压力都会导致它们向侧方弯曲变形。在采用橡胶辐条的车轮中，承载着马车重量的花鼓会悬挂在上方连接的辐条上。在马车上使用橡胶辐条车轮的计划从未实现过，但早在1806年，一项铁制车轮的专利中就已经运用了辐条承载张力的原理。承载压力的辐条必须是粗厚结实的，因为要防止它们横向弯曲变形。承载张力的辐条则不必如此，可以用细钢丝制成。当时巴黎的一位机械师意识到，借助上述工艺，人们在制造尺寸大而又轻巧的车轮方面终于有可能获得决定性的突破。一百多年来，他在自行车历史上的真实面目一直鲜为人知，因为有人把他的名字拼写错了："马吉（Magee）。"为数不多的已知文字材料指出，当时有一位"马吉先生"发明了张力辐条轮，然而在巴黎根本没有名叫"马吉"的先生以及以此人名义申请的专利。曾于巴黎留学的日本人小林敬三（Keizo Kobayashi）在他1993年发表的硕士论文中终于解开了这一谜团：所谓"马吉先生"实际上就是来自阿尔萨斯的欧仁·迈耶（Eugène Meyer，1844—1907）。

开创性的钢丝辐条

1869年11月，一场自行车展览在巴黎的普雷加塔兰

举行,行业杂志《自行车画报》对此进行了报道:

"迈耶先生现场展示了极其轻盈而又优雅的钢制车轮,以及搭载了这种车轮的自行车。很难想象这世间还会有什么比这些抛光的自行车更加耀眼夺目。车轮的辐条是通过黄铜螺母拧在花鼓内的。他带来的自行车看起来更像是珠光宝气的艺术品,而不是什么交通工具。会场还展示了一辆儿童用的三轮车,堪称一个真正的奇迹。迈耶先生对自己的爱车信心十足——他迫切地想要亲自驾驶这些自行车参加速度或里程竞赛。他是整个法国最具才能的制造商之一。"

除此以外,迈耶还意识到可以把轮圈也做得轻量化,因为张力辐条可以增强轮圈结构的稳定性。一旦张力减弱,自行车的轮圈将因骑手重量对其产生的压力而崩溃。研究人员找出了迈耶于1868年在法国申请的专利,他在其中描述了这一原理:

"由于所有的辐条都处于被拉伸的状态,它们不可能弯折。压力(载重)总是垂直向下作用于花鼓,因此只有当车轮的旋转使得钢丝辐条进入贯穿车轮中心的水平线以上的区域时,辐条才会受力。因此,这些辐条是不会扭曲变形的。"

钢丝辐条车轮的确是一项影响深远的创新,这一工艺在今天的自行车制造中依旧无可取代。其原理甚至在20世纪20年代还被用于建筑学领域。美国设计师理查德·巴克敏斯特·福勒（Richard Buckminster Fuller）从中获得灵感，开创了一种名为"张拉整体"的设计策略，并依此建造了节省材料的圆形房屋，建筑的整体结构通过钢缆悬挂在中央的柱子上。

自行车前轮一直以来直径都是90厘米，迈耶在当时可能已经着手制造较传统尺寸更大的自行车前轮，以提高车辆的行驶速度。实际上他在英国人之前就已经设计出了高轮车，但这一发明迄今为止一直被认为出自詹姆斯·斯塔利（James Starley）之手。在普法战争和巴黎公社运动所引发的动乱背景下，迈耶毫不畏缩，直至1883年仍在坚持研制高轮车。他的肖像今已不存，留下的只有两台自行车，以及记者路易·鲍德瑞·德·索尼耶对他的称赞：

"一位在天赋上世所罕及的机械师，迈耶先生，离群索居，终日待在他的车间里。他从未用木材制造过自行车，即便在1869年也未曾这么做。他的杰作皆由金属制成——对于金属材质的自行车，他还贡献了以下改进之处：骨架不再是尖棱的，而是由圆柱形的铁管制成；钢丝辐条取代了木制辐条。尽管谙熟技艺，但他终日惶惶。

他担心自行车只是沦为一种昙花一现的流行物件,就像克里诺林裙衬一样。为了他那精美、轻巧而又坚牢的爱车,为了他那抛光后反射出阳光的铁制艺术品,迈耶像怀才不遇的哲学家一样等待着求购者的到来。"

英国自行车行业的领军人物:詹姆斯·斯塔利

自学成才的发明家詹姆斯·斯塔利51岁时就因癌症英年早逝。三年后,考文垂市为他树立了一座纪念碑,此举足以证明他对于该市工业的重大意义,英国后来成为头号自行车强国,也离不开他的历史贡献。斯塔利出生于一个农民家庭,只上过短短几年学,就不得不去父亲的农场劳作,直到17岁时离家去了伦敦,才在一位工厂主手下做了下等园丁。在此期间,他发明了一种可调节高度的烛台、单绳操控的卷帘和可使幼儿安睡的自动摇篮。工厂主的妻子从英国企业家牛顿·威尔逊(Newton Wilson)那里得到了一台缝纫机,不久后这台缝纫机便出现故障。斯塔利不仅修复了它,还加以改进。工厂主将这件事告诉了威尔逊的合伙人乔西亚·特纳(Josiah Turner),于是斯塔利得以转投威尔逊麾下。他为自己的创新申请了专利,并与乔西亚·特纳以及其他来自当地的合伙人一起在考文垂成立了自己的公司——于是这才有了欧洲缝纫机公司。在起步阶段，他手下只有两名工人和四名学徒，即乔治·辛格（George Singer）、托马斯·贝利斯（Thomas Bayliss）、威廉·希尔曼（William Hillman）和威廉·H. 赫伯特（William H. Herbert），他们日后都将成为自行车行业的重量级人物。需要注意的是，这里的乔治·辛格不应与缝纫机行业巨头伊萨克·辛格（Isaac Singer）相混淆。

斯塔利生产出了精美的缝纫机，如"红心皇后"和"欧罗巴"，这些款式的缝纫机至今仍是收藏家们梦寐以求的珍品。斯塔利的缝纫机生意蒸蒸日上，十分兴隆。接着，居住在巴黎的罗利·特纳（Rowley Turner，乔西亚·特纳的侄子）向斯塔利的公司订购了500辆曲柄自行车，于是公司更名为"考文垂机械师有限公司"（Coventry Machinists Co.）。彼时考文垂的制表业已然是日薄西山，大量下岗工人在斯塔利的公司找到了新的工作。

斯塔利沿用了巴黎自行车行业的创新性做法，即设计越来越小的后轮，不过当时这些后轮仍然是用木头做的。虽然他们的产品在巴黎继续以"美国自行车"的名义销售，但在英国它们被称为"考文垂自行车"。顺便补充一下，"Bicycle"（自行车）这个英语单词在德国作为一个外来词被保存了下来，从而产生出一些奇怪的表达，如："自行车手骑着自行车回家了。（Der Bicyclist bicycelte auf seinem Bicycle nach Hause.）"直到1885年，德国的本土语言保护者才推出"Hohes Zweirad"（高两轮车）一词，后来演化为"Hochrad"（高轮车）。

让我们回到1870年的8月，那时巴黎的一众自行车手（包括常胜将军詹姆斯·摩尔）前往英国的伍尔弗汉普顿，在莫利纽斯公园的自行车道上展开角逐。摩尔骑着一辆配有钢丝辐条轮的迈耶式自行车，并凭借该车巨大的前轮直径（达到1.10米），把骑着85厘米直径木制车轮自行车的英国参赛选手们远远地甩在身后。尽管他在距离终点不远处翻车了，但他还是最终取胜。仅仅三天后，斯塔利和希尔曼就为经过改进的钢丝辐条轮以及配备这种车轮的自行车申请了专利，名为"迅灵"（Ariel，以莎士比亚戏剧作品《暴风雨》中的精灵命名）。在欧仁·迈耶的尘封事迹重见天日之前，人们一直都认为"迅灵"是历史上第一辆高轮车。

为了能够同时生产搭载木制车轮的"考文垂式自行车"以及"迅灵"型自行车，斯塔利与希尔曼成立了一家新的公司——"萨里机械师公司"（Surrey Machinists）。

尽管在公司创立之初面临复杂多变的形势，斯塔利始终坚持自己的经营理念，不懈推出新的创意。

在行业内的多年摸爬滚打使斯塔利越战越勇，两年后他又获得了一项辐条专利。此时的他已经意识到，从前一直呈放射状分布的辐条因花鼓在旋转过程中的带动而过度受力，最终可能导致轮辐在靠近花鼓处断裂。为了使辐条的排列更加符合受力的实际方向，他发明了切向辐条轮，这种车轮至今仍旧无可替代，装配在全世界数百万辆自行车上。斯塔利将配备切向辐条轮的自行车命名为"切线"（The Tangent）。单凭这一点，他就足以跻身一流发明家的行列。那时，一场关于发明权的争夺战正于各大报纸版面上演。

同时，英国年轻人对运动和竞赛的热爱刺激了市场对新款自行车的需求——无论是公开还是私人性质的比赛。在考文垂诞生出更多新的公司，这座城市于是得以走出经济萧条，成为世界自行车制造业的中心。詹姆斯·斯塔利和他的儿子小詹姆斯并没有将妇女撇在一边，他们制造出了一种十分独特的三轮车并为它申请了专利，即"考文垂式杠杆三轮车"（Coventry Lever Tricycle）。骑手并非坐在高高的驱动轮上，而是坐于其旁稍低一点的位置。在驱动轮对侧的第二条轮道上，两个小轮子一前一后排布，这两个轮子可以通过一种形似锹柄的操纵杆来控制。骑手用脚踩踏杠杆，以此驱动车轮。这一车型因为有两条轮道而较为稳定，对于妇女以及上了年纪的男子来说十分友好。这两类人群共同形成了新的消费群体，愿意接受该产品高昂的价格，因为他们害怕在骑高轮车时从座椅上面摔下来。

又过了两年，斯塔利和他的儿子将之前杠杆三轮车的驱动模式改造为由曲柄脚踏以及链条驱动，并将其命名为"考文垂式旋转三轮车"（Coventry Rotary Tricycle）。此时此刻首次在实践中得到运用的自行车链条很快就将彻底地颠覆一切自行车技术。在经过改装的三轮车身上，还有一个部件可以做文章：给大驱动轮配备链条、曲柄脚踏，并在上面安装座椅。四轮的"考文垂社交车"（Coventry Sociable）由此诞生，可供两人骑乘，其中每个人都需要驱动自己的车轮。据说斯塔利和他的儿子曾经骑着这种四轮车驶过一条陡峭的路段，两人都用力地踩脚踏，然而踩踏力度的不同导致车辆行驶方向不断变化。在这一过程中，斯塔利先生一定又累又恼，因为中途他有一次声嘶力竭地喊道："下车！我明白是怎么回事了。"接着，他旋即勾画出了差速器的草图。据说差速器就是这样诞生的，但有关差速器的构想最早可以追溯到

1827年。

三轮以及四轮车在转弯过程中遇到的问题就这样以巧妙的方式得到了解决：拐弯时，内侧的驱动轮转得更慢或是停止转动，而同时外侧的驱动轮则转得更快。

这种差速器立即被斯塔利的侄子约翰·坎普·斯塔利（John Kemp Starley）的公司"斯塔利 & 萨顿"（Starley & Sutton）采用，搭载于一辆三轮车上，即"1号三轮车"（Tricycle No.1）。这是一辆倒三轮车——前面有两个大驱动轮，后面有一个可控制方向的小轮。不过"斯塔利 & 萨顿"公司也曾推出正三轮车，即"2号三轮车"（Tricycle No.2）以及后来的"萨尔沃"（Salvo），其中可引导车身转向的小轮位于前部。在维多利亚女王订购了两辆"萨尔沃"后，商家甚至被允许以"皇家萨尔沃"的名义对其车辆进行广告宣传。"萨尔沃"配有两个并排的座位，这款车还被称作"流星社交车"（Meteor Sociable），其外观看起来与卡尔·本茨后来发明的"专利机车"（Motoren-Velobiped / Patentmotorwagen）十分相似，容易令人混淆。1884年，又有一款轻型单座倒三轮车问世，它的名字至今仍与考文垂紧密地联系在一起——"路虎"（Rover），时过境迁，现在它已经成为了一个越野车品牌。次年，"Rover"的名号被挪用到了后轮装有链条传动装置的低轮车上,"并成功塑造了整个世界的潮流"——当时的自行车媒体如是写道。这款车型遗留下来的影响至今仍有迹可循,例如在波兰语中,表示自行车的单词是"Rower"。

在快速浏览了1870年至1885年间自行车产品的迭代历史后,我们不难发现,在这一过程中,斯塔利及其家人的独到眼光和强大的问题应对能力展露无遗——这个家族几乎是单枪匹马地促成了从高轮车到脚踏三轮车再到低轮车的每一步演进。

年轻人的高轮车,老年人的三轮车

事实上,不断完善的自行车以及形态多样的三轮车是在许多人共同努力下才得以诞生的杰作。继考文垂之后,伯明翰和利兹也成为了自行车行业发展的中心城市。除蒸汽机和铁路技术之外,终于出现了又一个名副其实的高科技产业——自行车。这两个不同的工业部门既相互启发,又分工合作。现在厂商对于生产者的需求也发生了变化:不再是马车工匠,而是精密机械师和枪械师。原因是制造商希望掏空铁制车架让自行车更加轻便,或者从一开始就使用质量更轻的钢管——这种钢管需要由金属薄板卷曲、焊接而成。这一阶段仍然有一些公司会在自身组织内部完成每一个生产环节,直至拧上最后一颗螺丝。不过,分工进行的标准化部件生产正被越来越多地采用,车辆零部件也可以出口到那些自行车制造业刚刚起步的国家。数以百计的专利条目登记在册,其中有一些固然稀松平常,但也有许多了不起的专利,特别是诸如滚珠轴承、管状车架、空心前叉、笼式脚踏、空心轮圈以及可拆卸车把等新型部件,对后世产生了深远的影响。仅在1886年至1887年间,英国专利局就出版了两卷与自行车相关联的专利汇编。

高轮车为骑手带来了一项特别的挑战:骑手无法踩着脚踏上车,因为脚踏与前轮处于固定联动状态,即要么一起转动,要么同时静止。骑手一旦踩在脚踏上借力登车,就会将车轮锁定在静止状态,而在起步阶段是需要一定的初始速度才能保持车辆平衡的。因此,在推行自行车以获得足够的初速后,骑手必须迅速踩着一块踏板爬上车架,坐上座椅,然后试图将双脚吻合地踩在旋转的脚踏上。一阵手忙脚乱之后坐稳在车上,便能发现那种居高临下的别样视野简直妙不可言,此外大直径的车轮以及实心橡胶轮胎能够给骑手带来欲罢不能的骑行体验。骑在高轮车上的人会觉得自己是"马路王者"(一种适配高轮车的油灯品牌也叫作"马路王者"），当时有人欣喜地回忆道：

"骑手的坐姿达成了一种巧妙的平衡，他看上去只是骑在其中一个轮子上。座椅的前方没有车轮，因此高轮车给人的感觉与独轮手推车大不相同。车轮自由自在地飞速转动，给每一次的踩踏都赋予了非常独特的魅力，所有能够沉浸其中认真体会的人，都会认为骑行是他们生命中最美妙的经历。"

要从高轮车上下来也是一桩难题，是一项需要花功夫才能掌握的技能。马克·吐温以他十分独到的风趣笔触描绘了他在驾驶课程中的经历：学员应该试着"每次在下车前找一个柔软的东西垫在地上——有些人建议用羽绒被，但我觉得还不如垫一位自行车专家"。他的意思是，自己在下车时曾好几次摔倒在驾驶教练的身上。由于座位很高，摔倒有时伴随着严重的后果，造成骨折的事故时有发生——只要采用高轮的设计，跌倒的风险就无可避免。为了提高踩动脚踏的效率，骑手希望尽可能垂直地坐在脚踏上方，座椅也相应地安装在车架靠前的位置。这一设计极易招致危险的后果：哪怕是道路上最轻微的磕绊，如一粒石子或一根树枝，都会导致骑手连人带车向前翻滚——可怕的"倒栽葱"。一旦车体前翻，车把手还会绊住骑手的双腿，如此一来"以脸抢地"的下场就在所难免了。此类危险可以通过快速释放车把来避免，将跌倒的危险转化为一次用双脚完成的优雅跳跃，然后释放的车把又回到自己手中。一旦用勺子状的制动器在前轮上剧烈地急刹车，就有可能导致"倒栽葱"式的翻车。由于后轮的配重极小，在后轮上刹车的效果微乎其微，因此刹车通常只安装在前轮上。在骑车下坡时，如果前方车道视野清晰且没有障碍物，高轮车骑手会将双腿放在车把上，以便使脚踏可以自由旋转。一旦在此过程中出现危险，骑手至少可以来一招人车分离，将自己解救出来，免得被困在车上然后摔得鼻青脸肿。不过这种驾驶姿势使高轮车时刻都处于失控边缘，骑手也无法及时采取措施来有效地减速。此后，英国立法机构颁布了对骑车时"双脚离开脚踏"的禁令。当然，从另一角度来看，这种危险使自行车对年轻人来说更富趣味性。他们在新发行的自行车报纸上自豪地叙述了自己从翻车事故中靠一身闪转腾挪的本事最终幸存的故事。

原本不适合骑行的道路正在逐步改善，而地方政府却构成了骑行路上更大的阻碍。因此，自行车骑手们联合起来组成俱乐部，以抗衡当局的限制措施，同时也为了组织有社交属性的骑行活动——通常是白天出发去一家乡村旅舍,然后晚上返回。俱乐部内有着各种各样的规章:所有成员都统一穿着俱乐部的制服,并服从领骑队长通过号角发出的信号。这个号角后来演变为每辆汽车都会安装的汽笛,它的形状因此至今仍被用作汽车喇叭的标志。一些山村居民有时会向入侵的不速之客丢掷石块,或要求骑手对被自行车撞死的家禽进行超出经济形式之外的补偿。在上述情况下,自行车手们成群结队地组织起来也是对于自身的一种保护。在铁路时代到来后,不少乡村旅舍附近的马车驿站纷纷关停,这种时兴的自行车公路旅行对于生意惨淡的店家来说当然是一个福音。

然而,想要成为俱乐部的成员并非易事,新加入俱乐部的人必须由一名老成员充当推荐人,当然还要有财力购买俱乐部制服以及缴纳会员费。以1878年成立的"自行车旅行俱乐部"(Bicycle Touring Club)为例,它是如今"骑行者旅行俱乐部"(Cyclists' Touring Club,即CTC)的前身,加入该俱乐部的好处在于,会员能够在指定的酒店享受长期折扣。此外,俱乐部还铺设了道路,在骑行途中的危险处设置了警告标志,并组织了一个专业的机械师团队来为骑手解决车辆故障。

多年来,赛车俱乐部一直致力于解决如下问题:如何才能最大限度地将业余的富人赛车手与职业赛车手分隔开来。富人们不想与那些为了几个臭钱而参加比赛的无产者运动选手发生任何瓜葛——自行车比赛同赛马一样，也有体育博彩和奖金设置。苏格兰人伊恩·基思-法尔康纳（Ion Keith-Falconer）无疑称得上是大英帝国里富人骑手的楷模，他从剑桥大学阿拉伯语专业毕业以后入行，从此几乎战无不胜，甚至在1879年的一次一对一角逐中击败了最好的职业骑手约翰·基恩（John Keen，基恩本人还经营着一家自行车厂）。在1880年，英国有一百多家自行车厂商，其中仅考文垂就占了其中的12家。斯坦利俱乐部以著名的非洲探险家亨利·莫顿·斯坦利（Henry Morton Stanley）命名，从1878年开始在伦敦的水晶宫赞助举办一年一度的"斯坦利展会"，这是当时世界上规模最大的自行车展。

英国人发明了"六日赛"，这是一种长达六天的自行车耐力赛，这一组织形式并非来自赛马，而是来源于赛跑。最初的跑步"六日赛"是看选手能在大厅里跑多少圈，同时不能因疲惫而倒下——而且这六天当中只有短暂的时间可供睡眠（之所以将赛程定为六天，是为了恪守教会周日休息的规定）。到比赛的最后，往往就只剩下一个孤独的跑者。1878年，在伦敦伊斯灵顿区的农业大厅举行了首场自行车"六日赛",有若干名自行车手参加,每天骑行 18 个小时——从早上 6 点开始,直至午夜方才结束。谁先覆盖 1000 英里的里程,谁就是最终赢家,并可以获得 200 英镑的奖金。

在巴黎,尽管发生了普法战争和巴黎公社运动,以欧仁·迈耶为代表的行业先驱仍在继续制造高轮自行车;而在美国,虽然没有发生战争,但是自行车行业在 1870 年前后经历了大萧条,已经完全陷入停滞。一些人尝试通过举办自行车赛以求实现行业复兴,但遗憾未能取得成功。在公路上,最后一批无畏的骑手甚至面临着街头男孩的迫害和追杀。彼时正于英国蓬勃发展的自行车,到了美国只有在马戏团的表演中才能看到。上述情况直到 1876 年才有所改观,当时正值《美国独立宣言》签署 100 周年纪念,英国的"迅灵"自行车在费城世界博览会上进行了展出。其中一辆自行车有一只巨大的前轮,直径达到 2.1 米。时年 33 岁的阿尔伯特·波普经营着一家生产气手枪、卷烟盒以及鞋具的公司,他以家乡牛顿市市议员的身份参观了展览,并被这些自行车深深吸引:"它们是如此地令我着迷,无时无刻不在吸引我的注意力,以至于我把这个展览翻来覆去看了许多遍,想知道除了训练有素、掌握平衡秘诀的体操运动员,是否还有人能够驾驭这么一辆稀奇的、明显很难稳定的交通工具。"波普仍然记得七年前曲柄自行车的衰落："关于旧式自行车的回忆依旧萦绕于我们脑海中，我们清楚地记得当时它是多么迅速地从众人视野中淡出。我也知道那时人们为生产这些自行车而烧掉了多少钱。"次年，他接待了一位来自英国自行车行业的客人，客人请当地的机械师在三个月内为波普制造了一辆自行车，并教会他如何骑行。在那之后，波普开始进口英国品牌"贝利斯"（Bayliss）的"双全"（Duplex Excelsior）型自行车——就在他行动不久，一家总部设在波士顿的同行竞争对手已经率先进口该车型，这家公司还创办了美国第一本自行车杂志，以及一家自行车俱乐部。波普继续效仿竞争对手，创办了自己的俱乐部，并决定在国内生产自行车，以避免产生运费和进口关税。这段时间缝纫机生产厂商们的日子并不好过，哈特福德市（马萨诸塞州）的威德缝纫机公司（Weed Sewing Machine Company）很乐意承接仿制贝利斯车型的委托。这意味着波普的自行车可以以 90 美元的价格出售，而与此同时自英国进口的自行车则标价 125 美元。但不论前者还是后者，都属于奢侈品，因为当时一名工人平均每天只能挣得 1.3 美元。

波普在必要时舍得撒点小钱，也使了些厚颜无耻的手段，最终将涵盖自行车生产全部要素的拉莱芒专利纳入了自己名下。他凭借这项专利获得了垄断地位，从竞争对手那里收取每辆自行车10至15美元的费用，此外他还对从英国将自行车带回美国的个人收取费用。在观看过费城世博会展览的四年之后，波普终于为自己的自行车想到了一个品牌名："哥伦比亚"（Columbia），这与计划纪念哥伦布抵达美洲400周年的下届世博会相呼应。

与到目前为止的其他同行竞争者不同，波普想到刺激市场对于自行车的整体需求。他相信大规模投放广告能够产生积极效应，所以即使是在西海岸，每个年轻小伙都听过波普机械制造公司的名头。波普不停地向报社提供与自行车有关的新闻，还创办了自己的杂志，如《骑车去旅行》(*Outing*)，用于宣传自行车运动给人们生活方式带来的改变。从1882年起，该杂志对托马斯·史蒂文斯（Thomas Stevens）的环球旅行进行了持续的跟踪报道——此人骑的当然是镀铬的哥伦比亚牌"专家"（Expert）型自行车。史蒂文斯独自一人，安在车把上的包里只有一把史密斯&威森左轮手枪，他冒险穿越对外来者充满敌意的村庄，并于两年后安然返回。随后，他凭借冒险故事确立了自己旅行作家以及畅销书作家的地位。他的这场旅行使亚洲人民头一回见到了来自美国的高科技交通工具,这种车将要在西方取代马匹。土耳其比于克岛的居民记录道:"他的马,什么都不吃,什么都不喝,从不疲倦,走起路来像个显灵的魔鬼。"当史蒂文斯不得不在君士坦丁堡购买一把新的左轮手枪时,他谈及了当时的德国工业,这一定令他作品的德国读者感到不快:

"我在君士坦丁堡的商店里发现了许多由德国仿制且工艺精良的史密斯 & 威森左轮手枪。不过,一方面,每一个英国人或美国人都有责任尽可能地不支持德国厂商的无赖行为,因为从外观上看,他们的仿制品与我们自己国家生产的商品别无二致,价格却只有我们的一半,疯狂地占据着外国市场;另一方面,一把货真价实的美国左轮手枪绝对有它的特别之处,要相信一分钱一分货的道理。于是我没有片刻的犹豫,立即花钱买了一把美国造的真家伙。"

波普的所有营销手段都取得了效果,家境优渥的美国年轻人将自行车视为一种高科技玩物以及自己社会地位的象征。在城市周边道路允许的条件下,人们骑着"世纪"(Centuries)型自行车,进行长达100英里的旅行,即行驶来回160千米的路程。然而在许多地方,用石板铺设的道路只延伸到城镇的边缘地带,只有依靠铁

路或河流上的蒸汽船才能到达更远的地方。在19世纪90年代,两个来自弗吉尼亚州的旅客就抱怨道:

"我和我的同伴花了整整一个下午才骑完14英里的路程,最终我们绝望地在途中放弃。每隔几分钟,我们就得下车,清理掉前叉上的泥浆,以便车轮能够继续转动。"

那时并没有一条从西海岸一直贯通到东海岸的公路,因此在史蒂文斯最初横跨美国的旅程中,大部分时间都是在铁路路堤上骑行,有时铁轨中间有一长串连续的木板,可以使他骑起来更加方便。现在,波普更加明白道路的重要性,并开始着手解决这一问题。他支持自行车手们将自己的诉求上呈到法庭,为麻省理工学院这样的技术类院校创设道路建设研究所提供初始资金,并与美国自行车手联盟(League of American Wheelmen)一同发起了"好路运动"(Good-Roads-Campaign)。紧接着在1893年,众人向联邦道路主管部门发起的请愿活动被载入史册,人们称之为"巨人请愿书",现存于华盛顿档案馆——两米高的木轴上,无数张请愿单被装订在一起,其上总计有15万个签名。然而,有不少农民反对修路,因为在他们看来,光用铁路就足以把牛运到芝加哥的屠宰场了。此外,波普设法成立了一间两个人的办公室来研究道路现状,此举后来还推动了汽车工业的发展。不过，美国自行车手联盟的干事并非总能将自行车比赛的推广与旨在改善道路状况的游说工作有机协调起来，密歇根州分会的一位主席就说：

"L.A.W.（美国自行车手联盟）组织自行车赛的方式，就如同家禽养殖合作社组织斗鸡比赛或乳制品生产合作社组织斗牛比赛一样，这样组织起来的比赛并无多大意义。"

除此以外，波普还建立了一个经销商网络，这使得人们可以不受运输成本的限制，有机会在任何地方都以同样的价格分期购买自行车。他想出的许多分销方法后来都被汽车销售行业所采用。坐落于哈特福德的工厂规模不断扩大，还建立起了自己的钢管厂——最初是与杜塞尔多夫的曼内斯曼兄弟合作，直到后来美国的一项新专利成功规避掉了曼内斯曼（Mannesmann）兄弟原有的专利，突破了技术壁垒的限制。波普公司的自行车产量从1878年的50辆一路飙升至1888年的5000辆，这足以证明，他所做的一切决定都是正确的。

英式自行车传往德意志帝国

与美国和法国的情形一样，来自英国的新式自行车直到1878年才被传入德意志帝国。在多特蒙德，F.H.迪塞尔（F. H. Dissel）创办了据说是德国历史最为悠久以及规模最大的自行车工厂"迪塞尔&普罗尔"（Dissel & Proll），工厂内还有带顶棚的赛道，人们可以在那里学习骑车。该公司直至1887年都在生产自行车，不过不幸的是，关于这位行业先驱者的更多情况已无从得知。正是因为迪塞尔的事迹鲜为人知，海因里希·克莱尔（Heinrich Kleyer）才被广泛地认为是德意志帝国的第一位自行车制造商，他也证明了自己和他的榜样波普一样精明强干。他出生于达姆施塔特的一个机械师家庭，作为家里的第五个孩子，他无法继承父亲的机械工厂。然而因为专利的缘故，他得以以汉堡一家机械商行雇员的身份学习专业知识并前往美国。1879年的美国独立日，他在波士顿观看了波普组织的自行车比赛。在亲眼目睹这些高科技的快速载具后，他立刻——照美国人的说法——"着迷了"。回到德国后，他于1880年在法兰克福建立了自己的机械及自行车商行，从斯塔利的考文垂机械师公司、辛格公司（Singer & Co.）和哈罗德公司（Harold & Co.）进口自行车以及三轮车。次年，克莱尔委托铸铁厂"施波尔&克莱默"（Spohr & Krämer）为他打造自己的自行车（该厂的业务还包括为缝纫机铸造底座）。他起初将自己的品牌命名为"法兰克福"，之后改为"使节"(Herold)。他还成立了上流人士云集的"法兰克福自行车俱乐部",并亲自骑车参加了23场比赛。缝纫机制造商亚当·欧宝为他的五个儿子向克莱尔订购了一批自行车,随后他们皆开始作为俱乐部成员参加比赛。从1886年起,吕瑟尔斯海姆市也开始生产自行车,其中就诞生了"水星"(Merkur)这样的品牌,这已经算不上是什么新鲜事。让我们将视线再往南移,内卡苏尔姆织布机工厂股份有限公司于1885年开始生产一种名为"日耳曼尼亚"(Germania)的自行车——彼时的奥匈帝国曾大幅提高进口关税,导致内卡苏尔姆的织布机出口一落千丈。

一些英国公司已经在德意志帝国生根发芽,例如来自格拉斯哥的豪氏机械有限公司(Howe Machine Company Ltd.)在柏林开设的分公司。豪氏机械是美国缝纫机发明家伊莱亚斯·豪名下的子公司,该公司在柏林的代理人是托马斯·亨利·桑普特·沃克(Thomas Henry Sumpter Walker),此人堪称"德国自行车赛之父"。他于1881年成立了"柏林自行车俱乐部"(Berlin Bicycle Club),后来更名为"柏林第一自行车俱乐部"(Erster Berliner Bicycle-Club)。此外,他作为编辑出版了德国第一份自行车报纸《自行车》(*Das Velociped*)。至此仍不满足的他还出版了一套《自行车手年鉴》(*Radfahrers Jahrbücher*),并将他的朋友乔治·莱西·希利尔(George Lacy Hillier)写就的自行车训练指南翻译成了德语。他一直以来试图缓和南北之间的俱乐部争端(有些争端甚至还闹到了法庭),直到34岁时他筋疲力竭而又心灰意冷地去往伦敦,从此就在那里销声匿迹了。

在纺织业繁荣的比勒费尔德,以制造缝纫机起家的杜尔科普公司(Dürkopp & Co.)于1886年开始生产自行车,其中就包括"水星"(Merkur)车型。据说,尼古拉斯·杜尔科普(Nikolaus Dürkopp)尽管上过小学和初中,但终其一生都是文盲。在当地最富有的纺织品商人理夏德·卡塞洛夫斯基(Richard Kaselowsky)加盟之后,杜尔科普的公司发展成为比勒菲尔德规模最大的生产厂商。越来越多的公司在比勒菲尔德成立,这里最终发展成为德国自行车工业的中心。这座城市自行车行业的繁荣发端于1882年,那时几个家境殷实而又热衷高轮车的年轻人成立了"比勒费尔德自行车俱乐部"(Bielefelder Velociped-Club)。他们当中的两个人,即企业家理夏德·纳格尔(Richard Nagel)和杜尔科普的经营助手格奥尔格·罗特吉塞尔(Georg Rothgiesser),成立了"纳格尔公司"(Nagel & Co.),凭借罗特吉塞尔的专利生产铃铛、行李架、工具以及带绳索的座椅。之后，罗特吉赛尔逐渐成长为一名真正的多面手，成了行业杂志《自行车市场》(*Der Radmarkt*)的首席编辑——这一刊物至今仍在发行。他不但参加自行车比赛，而且自己出版了《骑行者向导》(*Radfahrers Cicerone*)，这是一本比例尺为1:500000、涵盖了整个德意志帝国的自行车地图册。作为一名发明家，罗特吉塞尔获得了"安全双轮车系统"的专利，由他在埃森的水星公司负责生产。这种自行车是通过固定在座椅上方的车把进行转向的。五年后，他退出了公司，来到柏林的星牌自行车制造厂工作。他名下有两家出版社，出版了不少书籍和刊物，当中包括他的杂志《留声》(*Phonographische Zeitschrift*)。这位发明家兼编辑后来在泰雷辛施塔特去世。近日，比勒费尔德以罗特吉塞尔的名字命名了一座广场，以示对他应有的敬意。

机动化

让我们将视线回到来自法兰克福的海因里希·克莱尔。在曼海姆，他生产的自行车和三轮车由马克斯·罗塞（Max Rosé）和弗里德里希·埃斯林格（Friedrich Esslinger）二人的机械商行代理。在这座新兴的港口城市里，"斯塔利＆萨顿"公司造价昂贵的三轮车当然不乏求购者，但能负担起这笔钱的人也只是凤毛麟角。例如，菲斯滕贝格伯爵就拥有一辆名为"皇家萨尔沃"的正三轮车，至今仍可在多瑙埃兴根的藏品陈列室中看到。那里也一定也可以见到有两个并排座位的三轮"社交车"。在当时的英国，市场对于这种三轮脚踏车的需求已经相当可观，拥有这种三轮车的维多利亚女王也成了她许多富有臣民效仿的对象，如今有大量的老照片可以佐证这段历史。对于男人来说，坐上这样一辆稳定的交通工具并悠然地点燃烟斗，整个过程十分方便；若是换作自行车的话，他们一上车就得开始寻找平衡，这一过程好似为了求生而挣扎，往往令人感到狼狈。此外，三轮车更适用于货物运输，因此百货商店以及不少货运公司都购置了三轮车——甚至连邮局也尝试让邮差骑着三轮车投递信件。链条传动装置为三轮车设计创造出了更大的自由空间，因此在这一时期涌现出不少形态各异且抓人眼球的三轮脚踏车，甚至还有更加怪异的四轮脚踏车、双人自行车以及三人自行车。在1883年的斯坦利展会上，展出的新款三轮车已经比自行车还要多——此刻的种种迹象表明，未来是属于三轮车的。

在曼海姆，代理克莱尔自行车和三轮车的两位经销商同时结识了一位名叫卡尔·本茨的年轻工程师,他想摆脱自己此前在燃气发动机工厂的合伙人,并在后来与两位经销商共同创建了莱茵燃气发动机工厂。那时的燃气发动机看起来仍然像蒸汽机的模样:沉重的铸件以及砖头底座上的大飞轮。它的优点是可以连接到城市燃气管网,且只有在实际工作时才产生成本。与燃气发动机不同,蒸汽机必须通过整日不断添加沾满尘土的煤炭来加热。在没有燃气厂的地方,可以用苯来充作燃气发动机的燃料,但这种情况下爆炸事件时有发生。此外,吸入苯蒸气还会导致人出现剧烈头痛的症状。自从本茨在曲柄自行车上享受了美好而难忘的骑行经历后,他想到了将小型的苯发动机安装到三轮车上。他在广受技术人员欢迎的杂志《科学人》上读到,一个名叫柯蒂斯·沃林顿(Curtis Warrington)的美国人在1880年为一种带有燃气发动机和大尺寸皮革风箱作为储气装置的三轮车申请了专利,他深感自己必须迅速采取行动。他从克莱尔那里订购了安装在车辆后部的大尺寸辐条车轮,并把这些轮子挂在工厂的墙上,最终设法使他的合伙人们同意让他在完成日常业务之余着手打造他的设计样车。从经理人约瑟夫·布莱希特(Josef Brecht,他此前已经从罗塞的机械商行转投了本茨的燃气发动机工厂,他的兄弟在克莱尔手下担任代理人）那里，我们了解到本茨从"斯塔利＆萨顿"公司借来了一辆三轮"社交车"，很可能就是"萨尔沃"。本茨让两个人坐在车上，在后方用弹簧秤拉着车，以便算出滚动阻力以及计划制造的小型发动机所必需的功率。本茨大概还让克莱尔为他制造了管状车架，并取得了这项专利，然后于1886年在曼海姆周边地区试驾样车。当时的报纸称该车为"机动自行车"（Motoren-Veloziped），而本茨本人称之为"专利机车"（Patentmotorwagen），因为他想吸引更多购买力强的马车主来为这种价格高昂的马匹替代品买单。但这些有钱的马车主无论如何也不想放弃他们难得的地位象征，正如本茨有一次亲自讲述的那样：

"每当我解释说，这么一辆车的价格是两千至三千马克时，往往得到这样的回复：'在坐上这样一辆机械车并亲自体验一番之前，大家肯定都更希望买一辆轻型马车和几匹马，它们看起来可比你的专利机车要精美得多。'"

在接下来的几版样车设计中，同自行车外观相近的元素越来越少，整体风格逐渐向马车外观倾斜，例如配备木制的辐条车轮以及加装顶棚。随后在1892年，四轮的"本茨－维多利亚车"（Benz-Victoria）问世，它看上去像是一种维多利亚风格的马车，同时配备了一台发动机。直到本茨退休，这辆车一直都是他最喜欢的交通工具。不过，自行车商业杂志《自行车市场》在那时发出了批评之声：

"曼海姆的本茨公司日前推出了一款搭载汽油发动机的自行车。正如此前所预见到的那样，它未能成功满足大多数非专业人士经常表达的愿望。这辆车如同马车一样粗大笨重，就连外观也和马车十分相似。"

这一论调同样引起了本茨公司的年轻经理人布莱希特的注意，他敦促下属着力打造一种外观与自行车类似的轻型载具，以满足自行车和三轮车爱好者的需求，而不再一味以那些追捧马车风格的势利眼为导向。突然间，产品的销量迅速攀升，以至于"本茨快行车"（Benz-Veloziped）开始进行批量生产，并且需要始终保证一定量的库存。如果将该车型的后续版本"本茨舒适车"（Benz-Comfortable）计算在内，销量较此前总计上涨了1200倍。

值得一提的是，在纳粹德国，出于政治宣传的原因，汽车源于三轮车这一事实连同汽车与自行车之间的技术渊源从未被提及。本茨、戴姆勒以及迈巴赫研制的汽车被无中生有地描述为"日耳曼民族天才禀赋的表现"。向来自所谓"背信弃义的英国"的工程师们低头，这是绝对不可以接受的。要达成这一目的，就必须将脚踏三轮车从德意志民族短暂的历史记忆中抹去，正如戈培尔手下的宣传部部长顾问威尔弗里德·巴德（Wilfrid Bade）渴望通过他的小说《汽车征服世界》（*Das Auto erobert die Welt*）做到的那样。后来，为了掩盖本茨汽车是由自行车演化而来这一事实，当局还颁布了新的语言法规——"本茨快行车"的德文"Benz-Veloziped"只能写作"Benz-Velo"。当政者大概是觉得人们不知道，自行车在瑞士和法国一直以来都被称为"Velo"。这种趋势发展到后来，以至于迈巴赫研制的四轮"戴姆勒快行车"（Daimler-Veloziped）都要被改名为"钢轮车"（Stahlradwagen）。

本茨公司在紧凑型发动机和传动系统方面已经取得了长足的进步，因此无需再在设计时采用三轮车型——此前自行车正是通过三轮车这一中间形态最终演化为汽车，长达七十年的自行车历史也由此成为了汽车历史的一部分。一些来自美国的技术史学家，比如汽车史学家詹姆斯·J. 弗林克（James J. Flink），认为上述"二史合流"的提法是恰当的：

"一切早期的技术革新（甚至包括内燃机在内），对于汽车工业的发展而言都没有自行车的地位那么重要。汽车技术吸纳了许多来自自行车工业的成功要素，包括钢管车架、滚珠轴承、链条传动装置、差速器（来自三轮车）以及自行车充气轮胎（这一项尤为重要）。自行车工业还开启了使用特制机床、金属板压制工艺和电弧焊接技术的批量生产流程，这一生产模式后来也被用于汽车生产。许多顶尖的汽车制造厂商在之前就是靠生产自行车起家的。然而，自行车最重要的贡献在于创造了市场对于个人长途交通的巨大需求，而这种需求只能通过大量进入市场的机动车辆来满足。"

让我们暂且回到1882年，那时的大街上只能看到自行车、三轮车和马车在往来穿梭。在同英国和美国打响的经济战中，立国未久的德意志帝国民间一直酝酿着一种强烈的仇外情绪，有人认为德语中的英语成分应当被彻底清除出去。然而关于"自行车"（Velociped）一词，赫尔曼·东格（Hermann Dunger）于1882年出版的《非必要外来词德国本土化词典》（*Wörterbuch von Verdeutschungen entbehrlicher Fremdwörter*）只提供了"Reitrad"（字面意思为"供骑行的车轮"）这一种替代方案。紧随其后的是"维尔茨堡自行车俱乐部"（Würzburger Velociped-Club），该俱乐部于1884年率先将自己名称中的"Velociped-Club"改为"Radlerverein"——在用德语词"Verein"取代"Club"的同时，创造出"Radler"一词来表示"自行车手"，这

图1

卡尔·德莱斯，1785年4月29日生于卡尔斯鲁厄，成功创造出有史以来最出色的发明之一：开启双轮时代的步动车（也称"德莱斯车"）。从某种意义上说，它就是最早的自行车。汉斯—埃哈德·莱辛提供

Laufmaschine des Freiherrn Carl von Drais.

图2

1817年6月12日,卡尔·德莱斯完成了他的第一次骑行之旅,从曼海姆到施韦青根外的驿站,来回大约14千米的路程。他总共花了约一个小时。德莱斯通过双脚蹬地来驱动这辆重约22千克的步动车。收藏于曼海姆赖斯·恩格尔霍恩博物馆(ReissEngelhorn-Museen)

图3

尽管他的步动车被迅速推广至德国各地,然而德莱斯作为一名矢志不渝的民主人士以及1848年革命的参与者,于1851年12月10日因贫困在卡尔斯鲁厄与世长辞。他是现代个人交通工具的发明者和革新者,但长久以来他在历史上的重要性却遭到低估。收藏于曼海姆赖斯·恩格尔霍恩博物馆(ReissEngelhorn-Museen)

图4

在前景的右侧，卡尔·德莱斯骑着步动车匆匆驶过正在散步的路人。这是艺术史上最早在画中得到呈现的步动车之一，描摹的环境是巴登大公夫人富有诗意的园林（1819年）。收藏于曼海姆赖斯·恩格尔霍恩博物馆（ReissEngelhorn-Museen）

1817

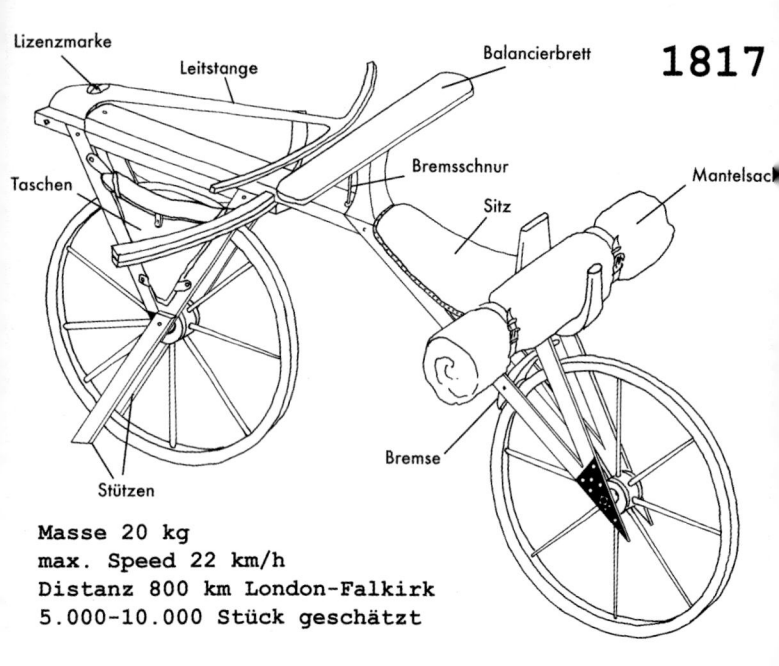

- Lizenzmarke
- Leitstange
- Balancierbrett
- Taschen
- Bremsschnur
- Sitz
- Mantelsac
- Bremse
- Stützen

```
Masse 20 kg
max. Speed 22 km/h
Distanz 800 km London-Falkirk
5.000-10.000 Stück geschätzt
```

图5

重新测绘的铜版自行车示意图（包含可选装备）显示出今天自行车的许多理念。约阿希姆·莱辛（Joachim Lessing）提供

图6

女人们参加曲柄两轮车的驾驶课程，例如歌手布朗什·丹蒂尼。贝蒂内，大约1868年创作。扬·克拉立克（Jan Kralik）提供

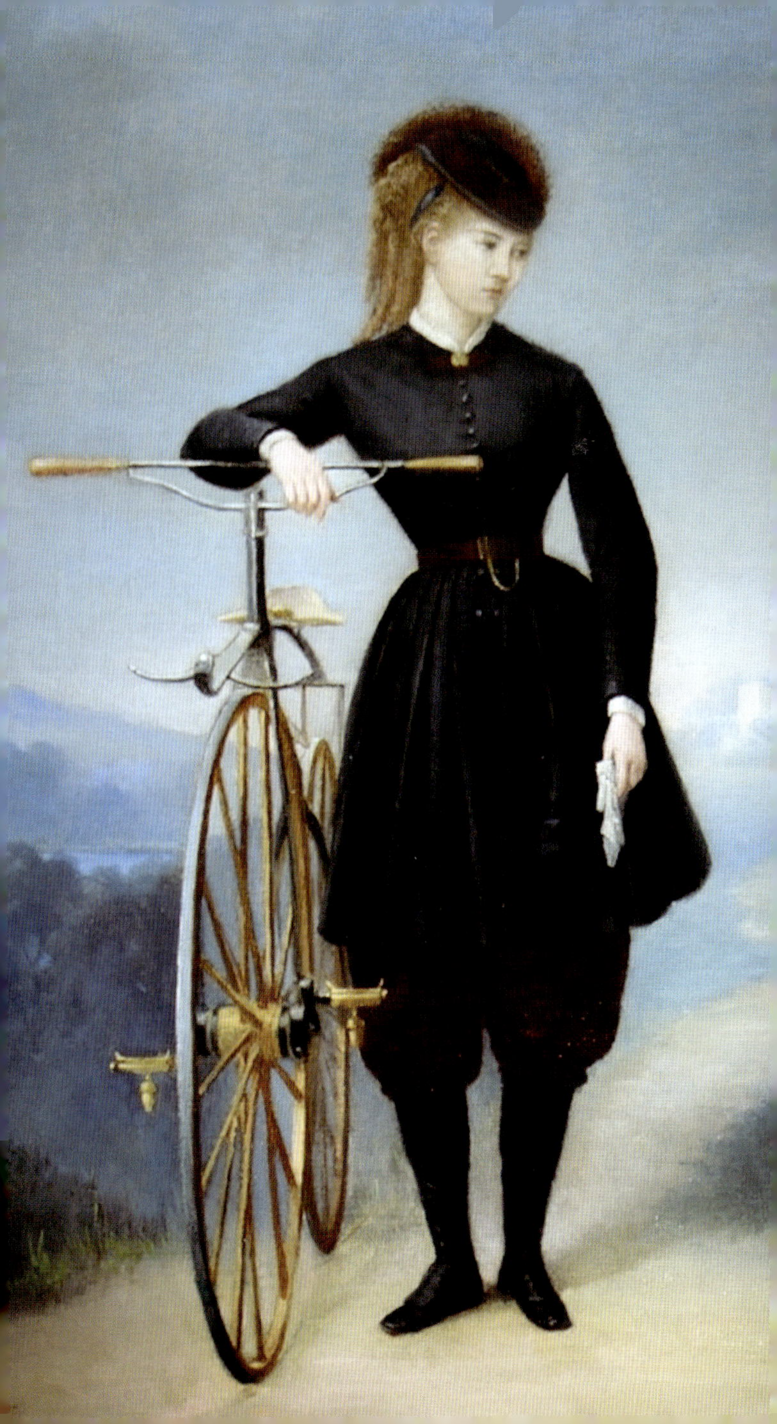

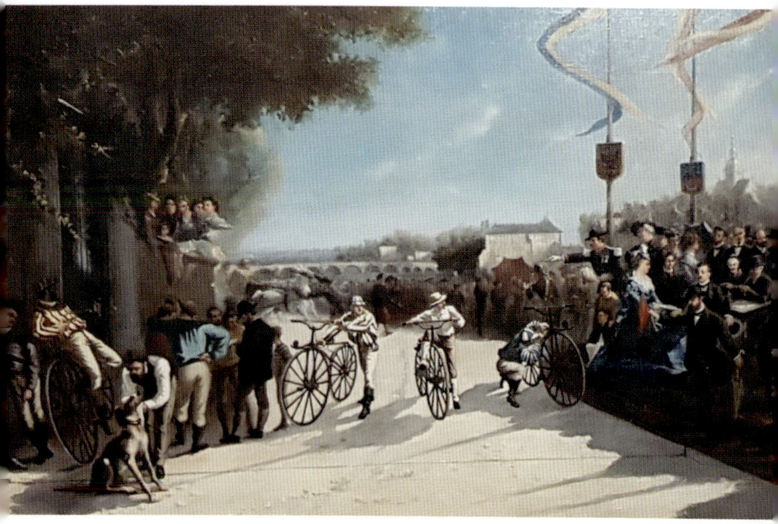

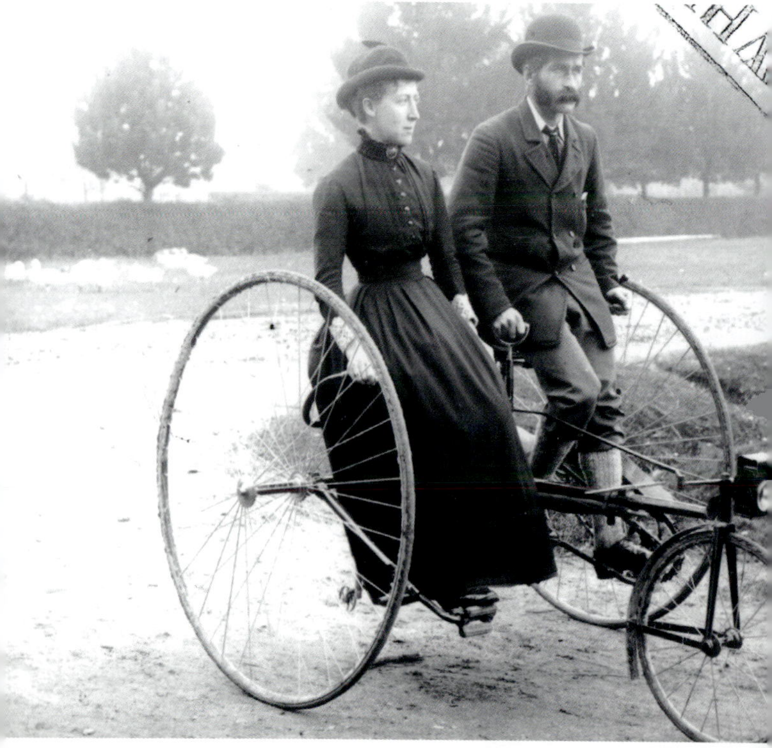

图7

富有的单身汉过去常常在格雷（勃艮第）骑着曲柄两轮车参加公路赛。约瑟夫·鲁，1869年创作。收藏于奈梅亨维罗拉玛自行车博物馆（Velorama）

图8

1883年，一对英国夫妇骑着一辆脚踏驱动的三轮车。收藏于罗格·斯特里特藏品（Roger Street collection）

图9

1884年穿着俱乐部制服出游的美国家庭。最左侧的人骑着一辆"明星"自行车,前轮很小,用脚蹬驱动;父母骑着一辆"社交"三轮车,最右侧的一个骑的是"普通"高轮车。收藏于洛恩·希尔兹藏品(Lorne Shields collection)

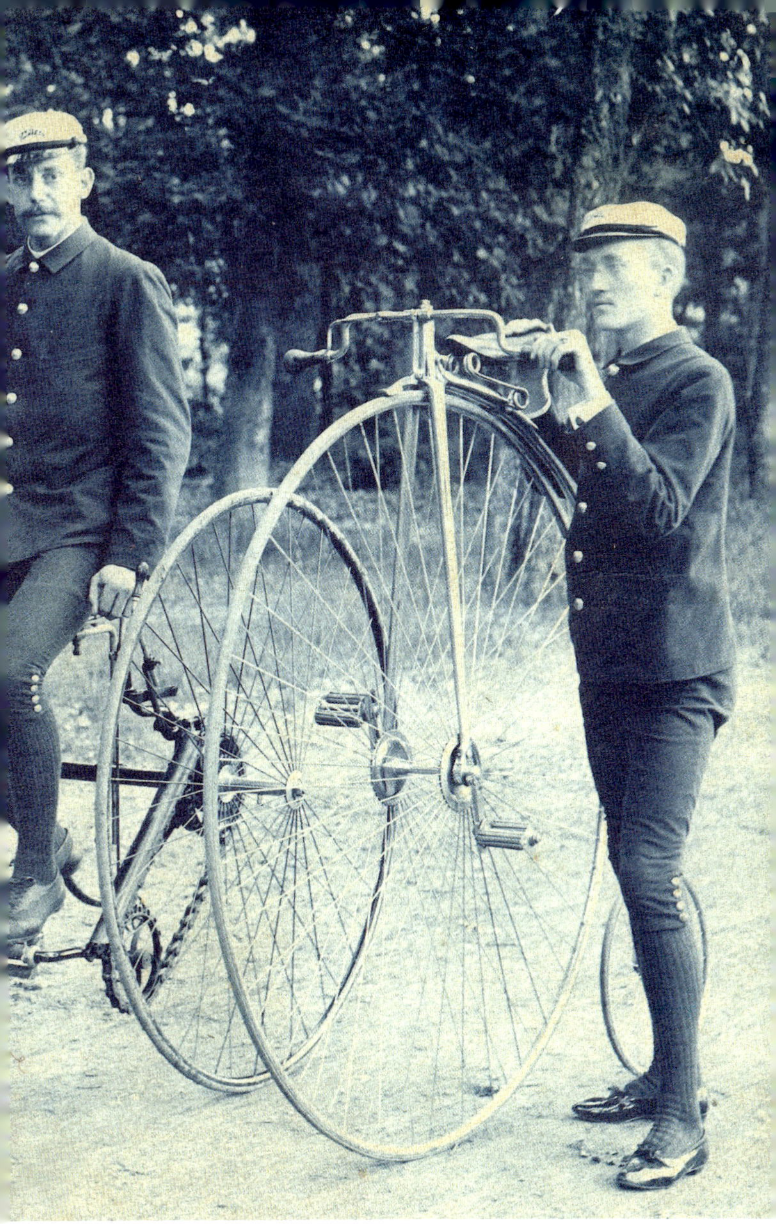

图10

1887年维也纳高轮俱乐部,但是已经有低轮自行车了。收藏于洛恩·希尔兹藏品（Lorne Shields collection）

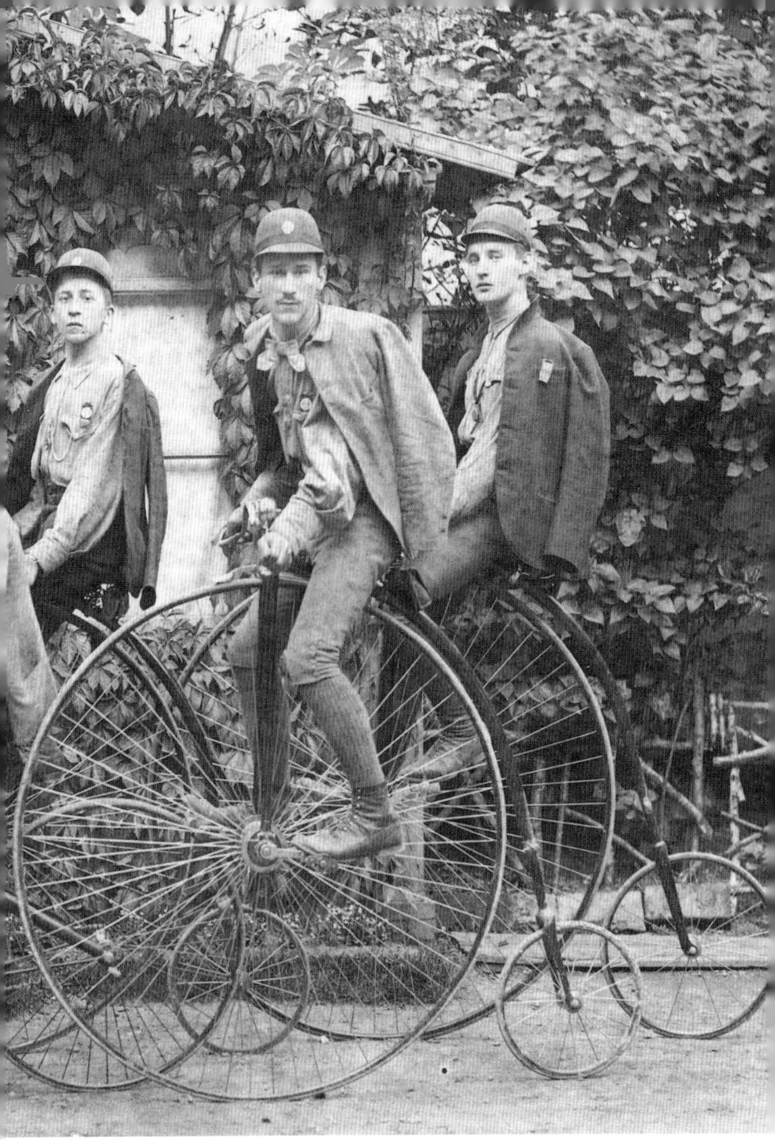

图11

卡尔·本茨1888年发明的摩托车,他当时称之为专利汽车,显然是从脚踏三轮车演变而来的,被认为是第一辆汽油车。莱辛提供

图12

苏格兰发明家约翰·博伊德·邓禄普(1840—1921)对于充气橡胶轮胎有着再造之功,这项发明极大提升了自行车运动的舒适性。图片来源:GettyImages

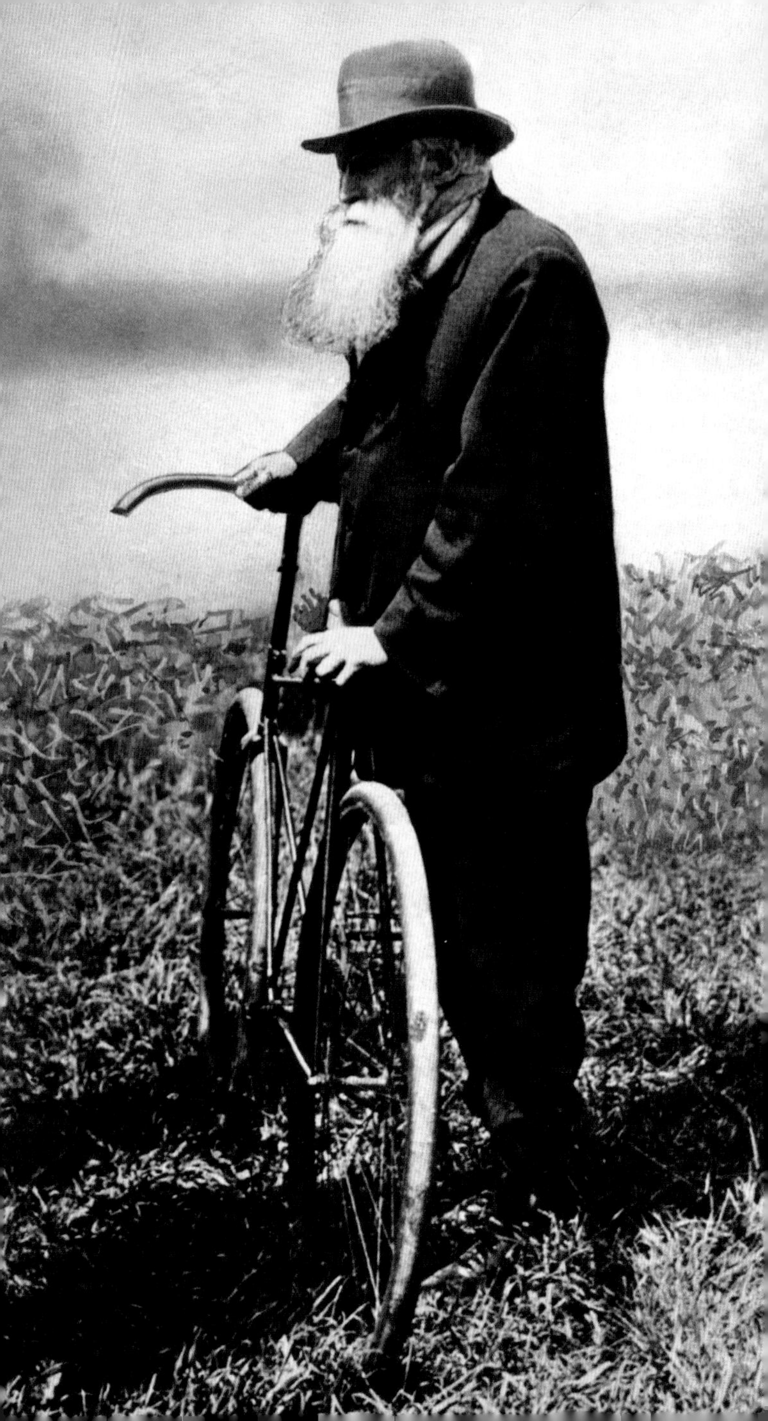

Édouard Michelin (né en 1859).
(Collection Michelin.)

图13

约翰·博伊德·邓禄普和米其林兄弟二人（安德烈和爱德华）研制了供自行车使用的充气轮胎。邓禄普在1888年申请了这一技术的首项专利。米其林兄弟成功地生产了一根可替换的空气管。邓禄普和米其林很快成为了全球最大的自行车和汽车轮胎生产厂商。

图片来源：GettyImages

André Michelin (1853-1931).
Phot. Chéri-Rousseau et Glauth.

图14

1892年，美国女性独自旅行。收藏于洛恩·希尔兹藏品（Lorne Shields collection）

The Heroism of The NEW YORK POLICE
by Theodore Roosevelt

In The
OCTOBER
CENTURY

图16

德国1897年的明信片上有一对骑低轮车的夫妇，妻子穿着蓬松的长裤，丈夫穿着齐膝短裤。莱辛提供

图15

美国总统罗斯福在1897年讲述自己自行车中队的功绩，例如拦住惊马。收藏于洛恩·希尔兹藏品（Lorne Shields collection）

图17

当时,艺术家利奥尼·费宁格用漫画表现了1898年的柏林,骑自行车的"新女人"被行人怀疑地注视着。莱辛提供

图18

在像环法自行车赛这样的公路赛中,赛车手肩上绑着一个备用的管状轮胎。莱辛提供

图19

三轮车手和自行车手在月光下的私人比赛。左边旋转三轮车的小后轮被挡住了看不见,在前轮大后轮小的自行车上碳化钙灯挂在辐条里面。收藏于洛恩·希尔兹藏品(Lorne Shields collection)

图20

自从自行车开始流行后,人们也在室内马戏团和露天场所用它表演许多的绝招特技。图片来源:GettyImages

ADAM FOREPAUGH AND SELLS BROTHERS
AMERICA'S GREATEST SHOWS CONSOLIDATED

UPON AN ORDINARY ROAD BICYCLE, DASHING DOWN A GIANT STAIRWAY FROM THE MADISON SQUARE GARDEN ROOF TO THE GROUND BELOW, A SHEER DESCENT OF OVER ONE HUNDRED FEET

图21

印度尼西亚的印度教寺庙中的一块石料浮雕似乎可以证明,最近连天上的神灵都开始骑自行车了。事实上,石雕描绘的是荷兰民族学家维南德·O. J.诺伊文康普(Wijnand O. J. Neuwencomp)。1904年,他骑着自行车探索巴厘岛,在当地引起了巨大的轰动,他的形象被刻画在寺庙中,"如神一般地"地获得永生。图片来源:GettyImages

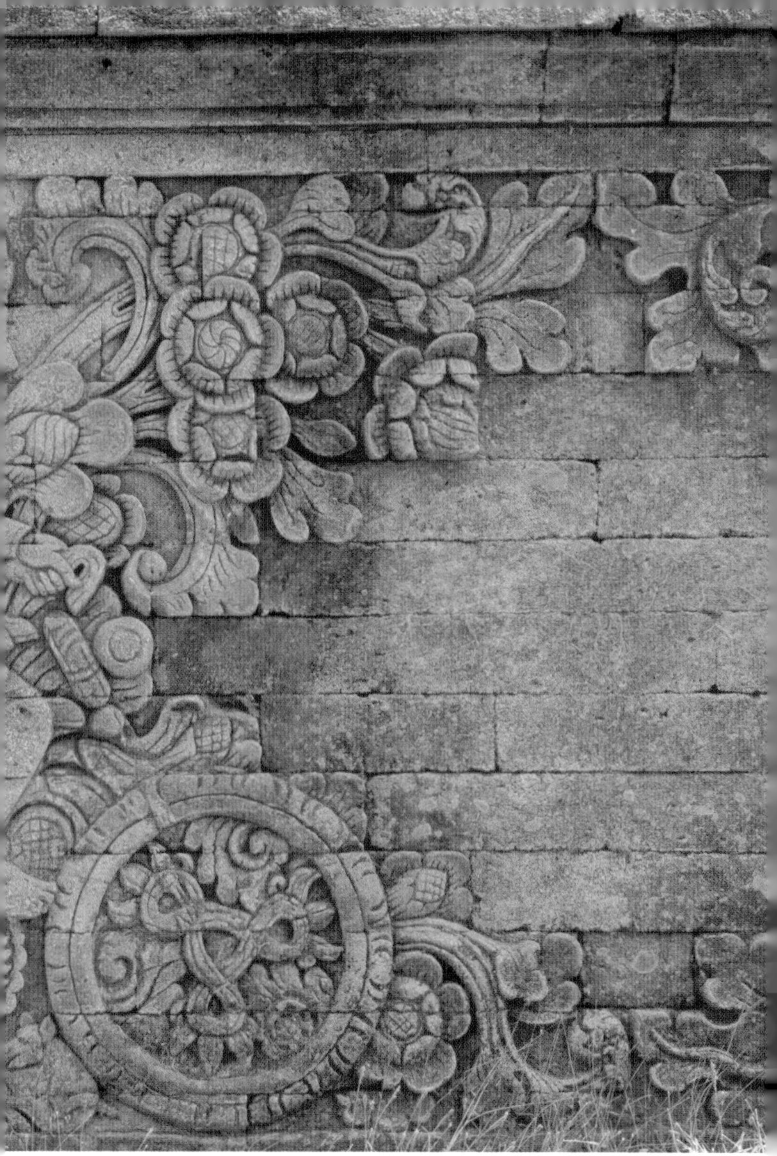

图22

20世纪30年代的一场走钢丝表演,由以杂技闻名的瓦伦达家族完成。他们是首个也是唯一一个达成这一壮举的杂技团体。图片来源:GettyImages

图23

步动车以及后来的自行车带来了一场技术革命，它取代了马匹原有的地位，成为贫富贵贱各色人等的交通和运输工具。如今，它已成为普及度最高的个人交通工具。约翰·D. 洛克菲勒曾是世界首富，图片是他在1908年骑着一辆无链的"哥伦比亚牌自行车"。图片来源：GettyImages

"O-OH-H DAD
...It'
SCHWIN

图24

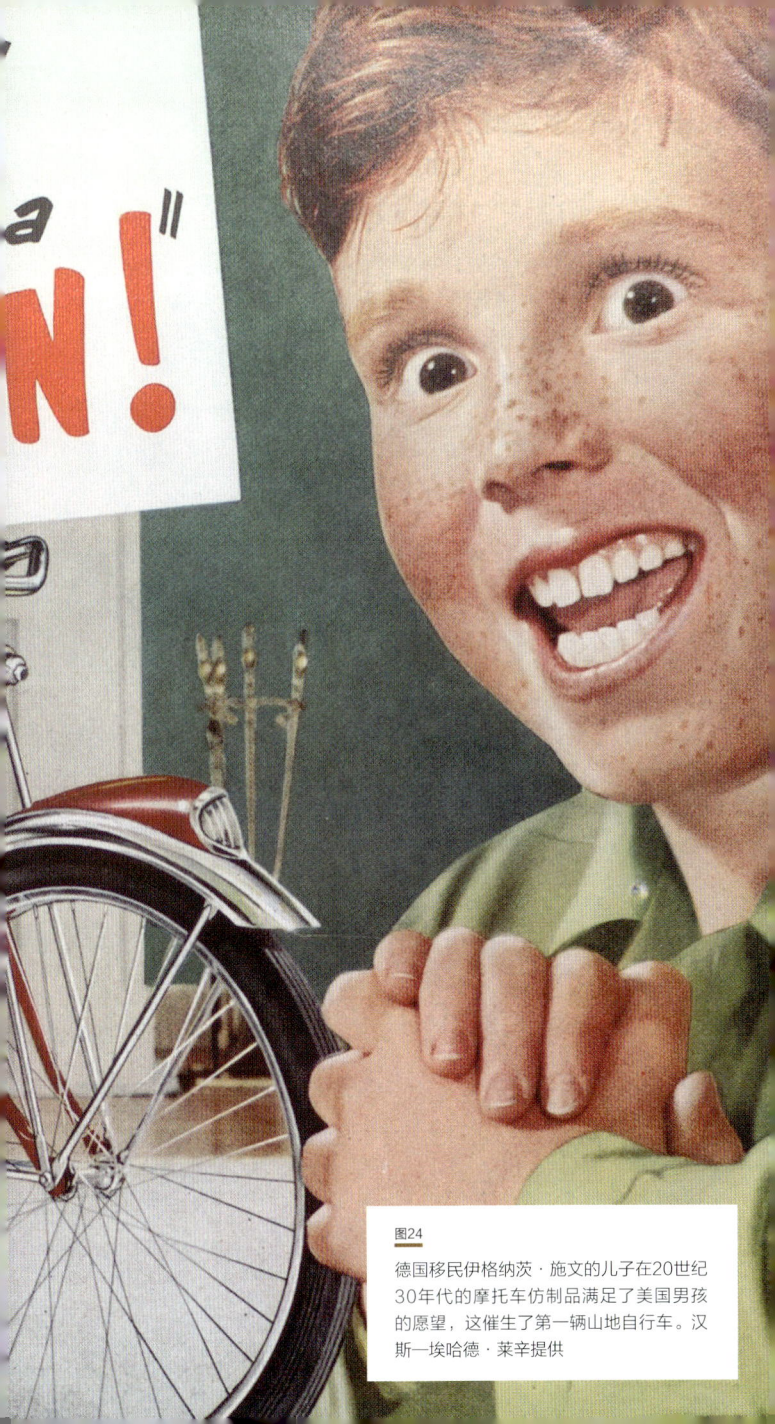

德国移民伊格纳茨·施文的儿子在20世纪30年代的摩托车仿制品满足了美国男孩的愿望,这催生了第一辆山地自行车。汉斯—埃哈德·莱辛提供

图25

简约而优雅,同时伴随着大幅提升的速度与危险性——高轮车。1935年9月,在属于高轮车的黄金时代过去约50年后,一组人在78岁高龄的马克·希尔的带领下,在伦敦为准备一场比赛进行训练。图片来源:GettyImages

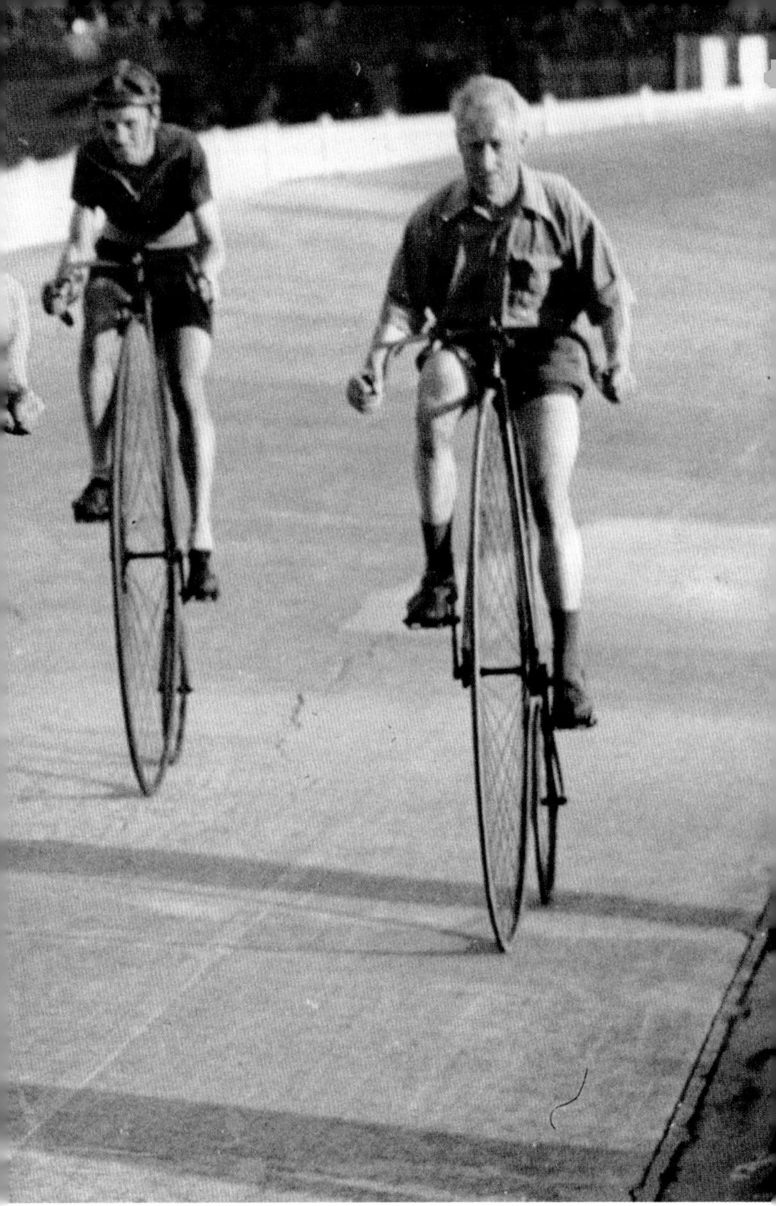

图26

1938年，中国香烟广告。阿米尔·莫哈达斯·伊斯法哈尼提供（Amir Moghaddass Esfehani）

显然是借鉴了美式英语中"wheelman"的构词法。不明就里的人乍一看到这个词，必然要摸不着头脑，比如在当时的巴伐利亚词典中，"Radler"的动词形式"radeln"的意思是"转动"，例如"一只木桶在转动、一个跳舞的女孩身姿转动"。众多地方性和区域性的自行车俱乐部共同成立了一个联合组织，这些俱乐部激烈地讨论了关于联合组织名称的争议。在1884年，"德国自行车手联合会"（Deutscher Radfahrer-Bund）的名称最终获得通过。至此，"Velociped"这个"空洞的、错误的、舶来的、听上去丑陋的"词已经成为过去，所以联邦机关刊物《自行车手》（*Der Velocipedist*）从那时起也将名称改为"Der Radfahrer"。然而七十年前，正如本书开头提到的那样，"Radfahrer"的动词形式"Radfahren"有着完全不同的含义：乘坐雪橇式旋转木马。

奥托·萨拉津（Otto Sarrazin）出版的《德国本土化词典》（*Verdeutschungs-Wörterbuch*）最终建议，以"Zweirad"或"Fahrrad"替代"Bicycle"，以"Dreirad"替代"Tricycle"，以"Fahrrad""Reitrad""Zweirad"或"Dreirad"替代"Velociped"，具体使用哪个词取决于表述对象是什么样的自行车。联合组织"德国自行车手联合会"随后也要求各俱乐部坚决执行这一表述上的规定。

从高轮车到低轮车

来自考文垂的革命性设计

在 19 世纪 80 年代初的英国，三轮车的地位看起来很快就要超过自行车了。而另一边，在欧洲大陆，自行车的发展才刚刚起步，譬如在 1884 年的维也纳，有几个俱乐部正在筹备组建事宜。它们租赁了供俱乐部活动以及自行车练习用的场所，确定了俱乐部的颜色、服装和徽章，并编制了一本记录个人以及团体大型骑行活动的日志。维也纳自行车俱乐部的一份周年纪念册回顾了成立之初的那段岁月：

"骑自行车的人会被当作小丑，会被其他以'文明、理性'自居的公民视为社会治安的威胁。自行车手的出现还常常惊扰农家马匹，无论城乡，无论长幼，人们都把他们看作游离于法律约束之外的刁民，并会采取举措来对付他们。有人向他们投掷石块,有人暗中在自行车行驶途中设下障碍物来绊倒骑手,而且骑手偶尔也不得不在当地街头与尤为激进的自行车反对者拳脚相向,这样一来俱乐部红蓝相间的代表色就变得路人皆知——尽管是以一种他们不情愿看到的方式。在这种情况下,自行车手之间的团结意识自然得到了加强;同时,'万福!'(All Heil!)这句问候语后来被街头青年引申为'分期付款万岁!',从中足见自行车贸易正在蓬勃发展。值得一提的是,在相当长的一段时间后,自行车手才可以比较轻松地拥有一辆英国或德国造的自行车。起初,俱乐部的自行车只能按一定的轮次借出,只有当一个人花费了大把时间,付出了巨大的牺牲之后,才能用两枚十字币奢侈地换得属于自己的自行车。"

这就类似于今天的空中运动团体,这些组织的成员同样不得不共同使用昂贵的器械,而且必须自己寻找活动场地。随着越来越多社会地位较高的公民骑上三轮车,并且想在城市内骑行,民众对于市域自行车限制规定的不满情绪获得了政府的重视。在奥匈帝国的首都维也纳,各个区的限制规定不尽相同,独断专行的警方手握重权。在布达佩斯和相对较小城市的格拉茨,当局已经出台规定,至少列出了面向自行车手开放的若干条街道。维也纳的几家自行车俱乐部联合起来，给奥匈帝国下奥地利州的皇家总督府写了一份备忘录。他们在备忘录中强调了自身的诉求，即制定一项法规，以终结维也纳各区之间自行车限制措施不同的混乱局面。在备忘录的最后，他们称自行车是一项运动、一种交通工具，同时更能促进贸易与工业。目下的奥匈帝国只有一家自行车厂，即布拉格附近的寇特公司（Kohout），如果不改变这样的局面，那么在未来是否会有数十万古尔登的巨款流向英国呢？在慕尼黑，除了市中心的几条街道外，其余区域完全对骑自行车开放。此外，该市市议会已经批准了1000马克的款项作为自行车及三轮车比赛的奖金。在德累斯顿，自行车和三轮车甚至已经获得了与其他交通工具完全同等的待遇。在柏林，一条规范自行车使用的法令行将出台，而普鲁士战争部正考虑将自行车和三轮车在战场上投入使用。上述陈词产生了不错的效果，令当局信服，维也纳人终于等来了他们期盼已久的法规，其中包括一份长达几页的街道清单——骑手只被允许于夜间在这些街道上通行，法规还附有必须申请才能获得的自行车证（相当于今天的机动车牌照）。尽管如此，警察还是会暗中潜伏在禁止自行车手通行的街道上，上前截停违规的自行车或三轮车，并开出必须即刻支付的罚单。女性自行车旅行家罗特尔对此感到愤怒：

"你来到一个孤寂、偏远的角落，看了一眼地图，发现它叫——姑且打个比方吧——特拉尔多夫。四下望去，寂寥人烟。这时只见一个红袖口、红衣领的身影向你走来，这便是特拉尔多夫的警官……警官自然是不会给你让路的。于是你正想要客气而礼貌地骑车绕过他。突然间，他过来将你逮住了！特拉尔多夫的主干道全线'禁止自行车通行'。此外，你甚至没有随身携带特拉尔多夫方圆1.5公里内规定骑行必需的自行车行驶证，你得为自己的每项罪行分别支付3马克，总共是6马克（大约相当于60欧元）。"

马匹则可以享有特殊的照顾：

"自行车手（这时已经写作'Radfahrer'）必须仔细注意向他迎面驶来的骑士和马车。一旦对面的马匹受到惊扰，抑或是对面的骑手或驭手感知到了马匹受惊的危险而发出警告，那么自行车手必须立即下车，并尽可能地让自己的自行车从马匹的视野内消失。"

不过，想要彻底掩藏一辆高大的自行车或三轮车绝非易事。

早在1883年的伦敦斯坦利自行车展会上，就有不少人鸣噪纷纷：高轮自行车已经走进了死胡同，因为如今真正的进步和创新都只发生在更为稳固的三轮车上。为了减轻自行车的危险性，人们做出了许多尝试，比如在下坡时将前叉的倾角拉平，这样一来骑手就可以坐得更加靠后，不会轻易被向前甩出去。"头管"是安装前叉并铰接上管的锻造部件，可以在骑行时进行调整。例如，波普的美国造哥伦比亚牌自行车就含有这个部件。

用杠杆脚踏替代曲柄脚踏，可以达到同样的目的，因为这样一来骑手可以坐在更靠后的位置来踩动脚踏。这一设计灵感来自英国，代表作品是辛格的"非凡"（Xtraordinary）和"轻灵"（Facile，拉丁语词，意为"轻"）型自行车。新款车型甚至创造了一个新的24小时骑行纪录：242英里，即387千米。

在美国，"轻灵"型自行车被简单地倒转过来。带有杠杆脚踏的大车轮被置于后方，前面是一个较小的转向轮——这便是"明星"型自行车（Star-Bicycle）。当时有一张照片引起轰动，它记录了一位身跨"明星"自行车的车手是如何在密歇根州国会大厦前的楼梯上如履平地般骑车下坡的。现在，骑手在下坡时已经很难再向前翻车了，但在上坡时仍旧面临着向后翻车的危险。亚利桑那州的科普兰（Copeland）兄弟在1894年成功地用小型蒸汽机将"明星"自行车机动化。著名的花式自行车手尼克·考夫曼（Nick Kaufmann）出生于一个瑞士移民家庭，据说是他在"明星"自行车上发明了"自行车球"这项运动。有一次他在路上抬起自行车前轮免得撞到一条哈巴狗，同时也使自己免于跌倒。后来，他在观众面前用一个马球同另一位明星自行车手一对一过招时，重新展示了这一绝技。德累斯顿的"马施 & 克雷茨施马"（Marsch & Kretzschmar）公司获得了制造"明星"型自行车的许可，直至19世纪90年代方才停产。

降低从车座位置跌落的高度，同样可以有效减弱摔倒产生的危险后果。基于这一理念设计出来的低轮车很快就被冠以"小矮子"（Dwarf）的绰号，而这种车在德国则被轻蔑地唤作"腊肠犬"（Teckel）。自从三轮车的脚踏和驱动轮之间使用自行车链条传动以来，人们便认识到，只要增大传动装置的尺寸，车轮变小一些也无妨——即在脚踏处安装一个大的链轮，同时在驱动轮上安装一个小的链轮。如此一来，前轮的尺寸便可以大幅缩小。在这一认识的基础上，希尔曼（斯塔利从前的同事）的公司于1884年在考文垂推出了一款采用链条传动，同时在如今较小的前轮两侧装有曲柄脚踏的"小矮子"自行车,并将其形象地命名为"袋鼠"(Kangaroo),因为两侧下坡时用来搭脚的踏板都被安装在车身靠前的位置,看起来像是袋鼠短小的前腿。如果你珍爱生命,那最好在各种款式的自行车中选择"袋鼠"。该公司甚至专为"袋鼠"型自行车组织了一场百英里比赛,一名专业自行车手在7小时11分钟内完成了160千米长的赛段,甚至还以此打破了高轮车的骑行纪录。

"袋鼠"这款车型为自行车历史上最伟大的革命铺平了道路。如果人们能在链条传动装置的帮助下用较小的车轮代替高轮车上的大车轮,那么驱动的对象也可以由前轮改作后轮,甚至还可以把两侧的曲柄驱动合二为一,安装在后轮前方。这样的话整辆自行车就只需要一根链条,而不是像"袋鼠"那样在前轮的两侧各有一根。

来自英国伦敦的后起之秀哈里·劳森(Harry Lawson)更早之前就已经开始考虑将自行车车身做得更矮。他的父亲是一位铜器匠人兼循道宗传教士,而他本人则凭借自身努力,从一名机械师兼自行车手最终成为了自行车工厂经理,还在金融界混得风生水起。也许正是由于劳森的身高只有一米五,他和他在布莱顿的合伙人早在1876年就为装有杠杆脚踏的自行车申请了专利,其外观与"明星"相似,但骑手的位置在前后车轮之间坐得更低。他为这一车型取名为"安全自行车"(safety bicycle),这个名称被保留了下来,后来用以指代所有的低轮自行车,还派生出德语词"Sicherheitsfahrrad"。一方面,自行车的座椅高度更加接近地面,这种更富安全性的设计受到了不少人的欢迎;但另一方面,骑手坐在低矮的位置被认为是不优雅的。在劳森于1879年获得他的第三项专利之后,"安全"型自行车也开始在布莱顿投产,被业内人士戏称为"鳄鱼"(Krokodil)。它性能强劲,有一个直径达一米的高大前轮。不过这款车的亮点是在较小的后轮上安装了采用链条驱动的曲柄脚踏。劳森将这款"安全"型自行车称为"小自行车"(Bicyclette),但它前前后后总共只生产了12辆。它的长度超过两米,缺乏一定的便携性。但这款车型已经呈现出一个日后征服了全世界的设计理念:两个几乎同等大小的车轮,一个位于车身中央的座椅,座椅下方是一副曲柄脚踏,脚踏和后轮通过一根链条连接起来。劳森在后世心目中形象欠佳,因为他曾依托皮包公司来弄虚作假,最终被裁定犯有欺诈罪。但不论如何他的成就无法抹去——英国的戴姆勒发动机公司(Daimler Motor Company)是他与弗雷德里克·西姆斯(Frederick Simms)一同创办的。

在1885年的伦敦斯坦利自行车展会上,约翰·坎普·斯塔利(他的叔叔是詹姆斯·斯塔利,即考文垂市树碑纪念的那位发明家)展示了由他的公司"斯塔里&萨顿"生产的"安全"型自行车。这台被命名为"漫游者安全专利自行车"(Patent Rover Safety Bicycle)的载具实际上根本就没有申请专利,它和劳森的"小自行车"一样,有一个较大的前轮。因为骑车人的座位设置在离前叉较远的地方,光靠手臂很难够到车把,所以需要通过操纵杆来实现对车辆的间接操控。这款车很快就被业内媒体戏称为"骆驼"(Kamel),这与行业先驱劳森的自行车所获的"鳄鱼"绰号有着类似的奉承之意。劝斯塔利尽快放弃间接操控设计的决定性建议来自一位出版社的雇员,他曾为一家自行车杂志测评过亨伯(Humber,斯塔利的竞争对手)的"安全"自行车。由于配备了一根倾斜的转向柱,这辆车的小前轮可以通过车把来直接控制。斯塔利很快就理解了其中的奥妙,并于1885年秋天将改进后的车型送去参加自己举办的比赛。比赛过程中,全新版本的"漫游者"立即就创造了50英里和100英里的世界纪录——分别为3小时5分钟和7小时5分钟16秒,新型"漫游者"仍然使用实心橡胶轮胎。此时的劳森却还拿不出这样的顶尖产品,不过须知风水轮流转。次年,所有竞争对手的厂商都推出了自己的"安全"型自行车,整体车身更矮,同时拥有大尺寸的车轮以及连接在后轮上的链条,劳森运营的鲁奇公司(Rudge)也带来了最新一版的"小自行车"。善于经营的劳森还将这些产品出口到了法国。从那时起,自行车在法语中便被称为"Bicyclette",这个词一直沿用至今。正是经过改造并且创下用时纪录的"漫游者",推动了后来德国人口中的"低轮车"取得突破性进展。正如业内媒体所写,以及"漫游者"自行车的广告乐于宣扬的那样:这辆自行车引领了世界潮流。

斯塔利没有发明任何新东西,而是巧妙地将市面上已有的东西结合起来,并依靠与行业内媒体的紧密联系、举办比赛来提高自己产品的知名度。这就是为什么"漫游者"无需再申请专利了。在被皇家艺术学会授予银质奖章之后,斯塔利这样描述自己当时的想法:

"我那时感觉到,解决自行车问题的时机已经到来。所以我把所有的精力都倾注到'漫游者'自行车上。在起初为这辆车拟订研发计划时,我列出了如下的核心要求,以为指引:

· 使骑手位于距离地面合适的高度;

· 将曲柄与驱动轮以合适的方式连接起来,从而可以根据需要调整轮系传动比；

·将座椅置于距离脚踏合适的位置；

·使座椅可以根据需要进行前后以及高度上的调整；

·将车把置于距离座椅合适的位置，方便骑手踩脚踏时发力，并使这一施力过程对人体产生的疲劳度降到最低；

·制造可以调节的车把。

"我曾经仔细思考过，可以将踩自行车脚踏的过程比作什么……这几乎就像是在爬梯子……只不过骑车时的脚踏是往下运动的，而爬梯子时人则是往上走的。因此，我必须确定好车把的位置，以便骑手能够将自身全部的重量放在脚踏上。其实是车把迫使我从几何学角度将自行车的整体构造设计成现在这样的，因为我必须尽可能地使车把的位置足够靠前。如果你看一看高轮车上车把的位置，就会意识到它是多么无用，以及有着多大的缺陷——以至于这一部件在高轮车上根本无法实现它本身存在的目的。我的目标不仅仅是制造一辆'安全'的自行车，而是要制造一款能够真正为自行车带来革新的车型。由我在1885年敲定的自行车车体基本架构在那以后就再也没有经历什么大的改动。这一事实足以证明，我关于自行车基本问题的诸多考虑都是正确的。"

1886年，行业杂志《自行车市场》在比勒费尔德正式发行，并于扉页刊登了"漫游者自行车"的广告。不过此时距离低轮车的热潮席卷德国，还要再等上十年时间。在英国，为了将旧式的自行车与新问世的"安全"自行车区别开，人们用"普通"（Ordinary）一词来指代高轮车，也有人称其为"便士－法寻"（Penny Farthing），即用便士硬币比喻大的前轮，用法寻硬币（等于1/4便士）代指小的后轮。在法国，高轮车则被称为"大自行车"（Grand Bi）。如今终于出现了这么一款适合害怕冒险的城市人的交通工具，令不少正在寻找新业务领域的德国缝纫机生产厂商眼前一亮。一些大公司，如加格瑙钢铁厂（Gaggenauer Eisenwerke）、纽伦堡的"弗兰肯布尔格＆奥滕施泰因"（Frankenburger & Ottenstein）以及德累斯顿的"塞德尔＆瑙曼"（Seidel & Naumann），纷纷跳过高轮车，直接开始大规模生产低轮车。在这一过程中，"钻石车架"（diamond frame）从其他像"十字车架"（cross frame）这样的形态中衍生而来。考虑到车架的实际形状，"钻石车架"本应翻译成"菱形车架"，因为英文中的"diamond"一词除了"钻石"以外也有"菱形"的意思，但鉴于译作"钻石"可以起到隐形广告的作用——给人以"如钻石般坚硬"的印象，厂商欣然保留了"钻石车架"的译法,这一车架形态也被沿用至今。

英国的自行车厂家大多追随新的低轮车潮流,不过高轮车依旧保持着生命力,与此同时三轮车的轮胎高度也被调低。原本多样的三轮车种类很快就减少到几乎只剩"克里伯"(Cripper)这一种车型,它有三个同样大小的轮子,以战绩辉煌的自行车手罗伯特·克里普斯(Robert Cripps)命名。直到今天,三轮车一直保留着这种设计。"安全"型自行车于1888年进入美国市场,成功撼动了自行车大亨阿尔伯特·波普一手建立起来的专利帝国——因为采用后轮驱动的"安全"不用再受到1866年的老式前部曲柄专利的约束。由笔直的钢管组成的钻石车架也使得生产过程变得更加经济高效。波普直到1890年才推出哥伦比亚牌"安全自行车"(Columbia Safety),并建立了自己的钢管工厂,以摆脱对瑞典和英国所产钢管的进口依赖。为此,他设法获得了曼内斯曼兄弟在美国的专利使用授权。

在他们父亲位于雷姆沙伊德的轧钢厂里,曼内斯曼兄弟二人(分别名叫莱因哈德和马克斯)曾试图通过轧钢工艺来进一步提高自行车曲柄楔子的硬度(曲柄楔子将曲柄脚踏和牙盘固定在中轴上)。他们观察到,轧制对象的内部会形成一个空腔,并从中发现了可以利用斜轧工艺将金属棒制成无缝管。他们的科学顾问弗朗茨·勒洛（Franz Reuleaux）教授在解释这一工艺时说："这就像从耳朵开始将狐狸的毛皮整体剥下来。"在他们将自身工艺与"拉伸制管法"（Pilgerschrittverfahren）相结合后，终于拥有了在几秒钟内就将金属棒制成管具的能力。这一工艺的诞生恰逢其时，填补了自行车行业严重的"管材荒"，也使得杜塞尔多夫的曼内斯曼工厂成为了一家具有全球影响力的大企业。在1893年的芝加哥世界博览会上，曼内斯曼展台的签名簿中出现了当时所有的自行车厂商。然而，该公司派往美国的一名雇员后来用自己的新专利成功规避了曼内斯曼的技术垄断，并建立了自己的工厂。在那以后，曼内斯曼就失去了美国市场。得益于曼内斯曼的制管工艺，自行车技术在19世纪末发展成为红极一时的轻量化高科技，不仅得到了汽车工业的借鉴，就连世界上第一架飞机的诞生过程也从中受益。

不过自行车真正的突破发生在1887年——正在爱尔兰都柏林见习的兽医约翰·博伊德·邓禄普（John Boyd Dunlop）发明了自行车充气轮胎。然而，他因此获得的专利在两年后被宣布无效，因为天才的苏格兰人罗伯特·威廉·汤普森（Robert William Thompson）早在1845年就在这一领域获得了专利，当时的马车夫们还没能意识到这一发明的潜力,但如今的自行车手们马上就领会了它的奥妙。从这个鲜明的事例中足以见得,自行车作为一个与其他技术领域高度融通的试验田,既能吸收其他载具的先进性,其自身的技术突破又可以反哺其他交通工具。有了邓禄普的轮胎,低轮车终于能够弥补自身在舒适性方面的不足。带领邓禄普轮胎公司发展壮大的则并非充气轮胎的发明者邓禄普本人,而是都柏林人哈维·杜·克罗斯(Harvey du Cros)——即使是在后来邓禄普的发明不再受到专利保护的不利形势下。1889年在莱比锡水晶宫举办的"德国首届自行车及自行车配件大型通展"(Erste große allgemeinen Ausstellung von Fahrrädern und Fahrradutensilien in Deutschland)上,人们只能见到实心橡胶轮胎;但到了19世纪90年代,不光是低轮车,甚至连高轮车也用上了充气轮胎,并活跃在赛场之上。

作家爱德华·贝尔茨(Eduard Bertz)在他的《自行车哲学》(*Philosophie des Fahrrads*,出版于1900年)一书中,对德国的自行车工业做出了如下评价:

"当莱比锡的水晶宫于1889年举办第一届自行车展会时,作为一名理性客观的观察者不得不承认,当时英国在自行车的质量和数量上都还远远领先于德国。次年,在莱比锡举办的第二届自行车展会上,相差悬殊的情况已经有了很大的改观——不仅因为展出的德国自行车比英国的多,而且已经有个别型号的德国自行车可以与来自英国的竞争产品相媲美了。"

但自行车依旧十分昂贵,对于工人来说几乎是负担不起的奢侈品。我们只要把价格的历史变化趋势与一个熟练工人约110帝国马克(当时一个帝国马克的购买力约等于今天的10欧元)的月薪相比较就可以直观地感受到这一点:

年份	自行车的单价
1870	600—750 帝国马克
1883	400—600 帝国马克
1890	230—320 帝国马克
1894	200—285 帝国马克
1899	170—210 帝国马克
1900	140—170 帝国马克
1901	75—85 帝国马克
1904	70—80 帝国马克
1907	53—60 帝国马克
1910	28 帝国马克

(表中所列为低轮车的单价)

如何解释表格中自行车价格大幅下降的趋势呢?首

先，厂商在自行车制造的集约化方面取得了巨大进步，生产效率大幅提高。在此之前，自行车的制造方法主要脱胎于枪械师的传统手艺。工匠不得不手动钻出管材或从整块的固体材料中通过裁切得到花鼓。其结果是自行车被视作手工匠人的杰作，其价格抵得上半架钢琴。位于芝加哥的"西部轮厂"（Western Wheel Works，简称WWW）曾获得过自行车大亨阿尔伯特·波普授权的自行车生产许可，现在也开始认真考虑如何能够进一步提升生产效益，并与波普的哥伦比亚牌"安全自行车"打起了真刀真枪的价格战。从斯图加特南部的魏尔代施塔特移民来到美国的阿道夫·舍宁格（Adolph Schoeninger）和他两个具有技术头脑的女婿奥托·昂齐克（Otto Unzicker）和理查德·伯里克（Richard Boericke）利用金属板压制工艺为西部轮厂建立了一条新的生产线，由销售天才罗伯特·科尔曼（Robert Coleman）负责打通市场。从德国来到美国的工人从前大多是手工业者，譬如钳工或铁皮玩具匠人。在无屑压制、冲压和深冲技术的帮助下，自行车的生产成本大大降低。当时的一份行业杂志写道："公司把所有的东西都放在冲压机上，然后按照德国钳工的方法来作业，即通常会在上午9点半左右喝啤酒。"在芝加哥，来自德国的移民是啤酒消费大户，啤酒消费量仅次于爱尔兰人。科尔曼终于在1896年接管了彼时拥有1200名员工的公司,并保持着日均200辆自行车的产量。这使西部轮厂成为当时世界上规模最大的自行车工厂。他们的"新月"(Crescent)牌自行车骑上去丝毫不比波普更昂贵的"哥伦比亚"差。从现在起,即使是美国的工人阶级也能买得起一辆自行车了。

自行车承载平等的希望

现在,19世纪最大的一股自行车热潮终于到来。底特律(那时候底特律人尚不知"汽车"为何物)的一家报纸如是写道:

"如果后来人所著述的历史得出这样的结论——自行车的日臻完善是整个19世纪最伟大的事件,这一点也不会显得奇怪。让我们想想它对于人类所产生的影响,即为几乎所有人提供了大幅提升移动速率的工具,那么不难得出结论:个人交通的速度迄今还远未达到它的极限。上述影响对我们这一代人来说可能并不明显,但对于未来的历史学家而言,这些影响将随着时间推移而慢慢累积,最终会显得非常巨大。我们不会像在印刷术或船舶指南针发明后那样大胆地预言,人类会在未来因此而经历怎样的剧变或繁荣，但又有谁知道自行车不能比肩这些曾经的伟大发明呢？自行车影响了许许多多的人，而且这绝不会仅仅停留于一种轻微或肤浅的程度。要知道，许多比起自行车来更不起眼、更加微末的新事物都曾对人类产生过巨大影响。"

出版商保罗·冯·萨尔维斯贝格（Paul von Salvisberg）对短时间内在慕尼黑发生的变化进行了描述：

"不久前，人们还会露出怀疑的眼神问道：'你骑的是什么？自行车？'现如今得到的回答肯定是：'是的，怎么了吗？这没什么稀奇的吧，你难道不骑自行车吗？'怀着怜悯心的提问者只好在沉默中暗自推想，认为答问者的健康状况一定不佳，或者干脆认为对面这位自行车手是个庸俗的人。"

早在于莱比锡举办的第一次德国自行车展之后，自行车图书作家威廉·沃尔夫（Wilhelm Wolf）就努力倡导社会公平：

"我们决不能怀有狭隘的观点，认为骑自行车就应该同旧时代一样，是一个社会中几万或几十万上层人士的特权。相反，我们恰恰应当发扬道德，这绝不是冗余的空谈。同时我们也必须看到，道德感已经内化于自行车之中了。"

七年后，这种对于社会不公加剧的恐惧似乎已经烟消云散，尤其是在美国，《科学人》杂志的一名记者在提到自行车时欣喜地写道：

"自行车是一位无与伦比的社会革命家。它将人类置于转动的车轮之上，从而改变了社会生活中许多惯常的礼俗。它是一位伟大的平等主义者，因为只有当所有的美国人都骑上自行车以后，才有可能真正贯彻这样一个伟大的原则：实际上每个人都和其他任何人一样出色，每个人也都有机会在众人中间脱颖而出。"

起初，自行车看起来并不像是一个会促进社会平等的事物，因为购入的成本实在太高。自行车俱乐部在接收会员时，往往会格外关注新成员的社会地位。在高轮车时代，法兰克福自行车俱乐部的会员大多不是贵族就是像欧宝的五个儿子那样的富豪，一开始并不愿意接纳出身寒门的工匠恩斯特·萨克斯（Ernst Sachs）入会，尽管他有着极其出色的比赛成绩。想要使用位于法兰克福棕榈园内的赛马场来作为自行车场地，所需费用数额巨大。在入赘施韦因富特一位靠生产滚珠轴承发迹的富商家之后，萨克斯成为了企业的管理者，凭此赞助了施韦因富特自行车俱乐部。在美国，就连一等一的超级富豪也会骑自行车。石油大亨约翰·D. 洛克菲勒不仅持有几家自行车公司的股份，而且自己也骑着一辆无链自行车。

他甚至向遇到健康问题的员工赠送自行车，并鼓励他们要在户外多骑车锻炼。芝加哥大学便是仰仗洛克菲勒的捐赠，从一所小型浸信会学院逐步发展起来的。在一次骑着自行车环游芝加哥大学校园的过程中，洛克菲勒与一位知名运动员进行了一次短距离速度比拼，结果骑车的他却败下阵来。1890年，华盛顿成立了一家由国会议员组成的"国会大厦自行车俱乐部"，据称"每个愿意展示自我的人、已经或正在学习骑车的人以及想要学习骑车的人"都可以加入。有人看到，甚至连政府和最高法院的官员也在骑自行车，这很快对自行车法令的宽松化产生了积极影响。舞台明星也骑上了自行车。此外，就在德意志帝国的工人自行车协会"团结社"（Solidarität）成立两年后，又诞生了一家"社会主义自行车手俱乐部"（Sozialistischen Radmänner-Club）。不久之后，美国各地也都有了自己的自行车俱乐部。

最富精英气息的要数纽约的"米肖俱乐部"（Michaux-Club），该俱乐部以活跃于1865年的巴黎自行车商人皮埃尔·米肖命名。家财万贯的会员们早上会在俱乐部大厅里参加俱乐部专属驾驶教练的课程。到了下午，女士们可以在音乐的伴奏中骑车——据说放音乐是为了让她们在骑行时更加放松，之后她们会在俱乐部的包间里享用茶水。大厅一侧的楼座是为那些只愿做观众的会员设立的,任何在那里旁观的绅士都不允许取笑他向下看见的狼狈情形。

"巴拉克拉瓦盔帽混战"(Balaclava Melee)是一种骑在自行车上进行的游戏,在当时广受欢迎。勇敢的骑手戴上击剑面具,手中拿着棍子,翻身骑上自行车。然后他们绕圈行进,用棍子击打彼此头部上方、固定在击剑面具上的羽毛。最终赛场上仅剩的一名头上还有羽毛的人即为胜者。女士们可以进行一种"十锥赛"(Zehn-Kegel-Fahrt),骑手必须分别绕过一字排开的十个锥形障碍物,在其中回旋避绕。那时还有刚从印度传来的一种全新项目——"自行车金卡纳"(Gymkhana)。参与其中的男男女女都必须穿上统一的服装。男人身穿白色束膝灯笼裤和红色夹克,头戴红白相间的骑师帽,脚上是红色长袜,蹬一双白鞋;女士则着白裙子,红白相间的条纹上衣,红色的皮腰带,白色的稻草水手帽,红长袜、白鞋子。自行车上装饰着红白两色的飘带。活动以自行车游行开场,需由 8 名男子和 8 名女子参加。游行之后是接力赛、骑行技巧赛、音乐演奏以及小女孩们围绕着一种"仲夏柱"跳的"自行车舞"。晚会在当地的民族舞蹈表演中结束——当然也是骑在自行车上跳的舞。

德国的自行车俱乐部同样热衷于举行"巴拉克拉瓦盔帽混战"(已知的就有两本关于这项游戏的指南手册)以及绚丽多彩的街头游行。在这些活动进行的过程中,通常会以某种方式呈现自行车的发展历程。在与欧洲邻国打响经济战的背景下,德国人迫切地想要树立自己民族的自行车先驱者形象,将自己在这一领域做出的成就歌颂一番。前面曾提到,当人们要将发明家德莱斯的遗骨在卡尔斯鲁厄的新墓址埋葬时,自行车协会联合组织为了在卡尔斯鲁厄树立一座德莱斯的纪念碑而奔走筹款,后来这座纪念碑终于在1893年隆重揭幕。作为对此举的回应,法国自行车协会于1894年在皮埃尔·米肖和欧内斯特·米肖(Ernest Michaux)的出生地巴勒迪克为二人也树立了纪念碑。

自行车与法律

随着警方陆续出台与自行车交通有关的规定(第一则相关规定于1888年在符腾堡王国颁布,那里的国王和王后也骑自行车),骑行者必须出具自行车行驶证,并对自己的自行车进行标记(这是两项具有强制性的义务)。车主须将自己的姓名和地址写在车身上。由于自行车车身上并无多少可供书写的空间，于是人们会在车上镶一块小小的搪瓷号码牌。与荷兰和瑞士不同，除了在第一次世界大战期间征收过奢侈税外，德国并没有自行车税这个名目。但直到20世纪20年代，仍有一些禁止自行车行驶的限制性区域，而且往往就是城市内最优质的道路。

在美国，街道上和公园里的自行车数量急剧增多，当局久久为功，终于填补了这一巨大的监管缺口。在纽约的中央公园，除了自行车俱乐部以外，其他自行车手自从高轮车时代以来就已经被禁止入内了。马车夫们认为自己才是道路的主人，并尽其所能在一切可能的场所同自行车手作对。他们会在不发出转向信号的情况下突然掉头或是变道，这么做只是为了把正在试图超车的骑手撞倒——自行车报纸上记录过许多这样的案例。他们向过往的骑行者吐嚼烟，或者故意驾车挤过自行车队列，在其间横冲直撞。一个名叫安德鲁·魏斯（Andrew Weiss）的马车夫甚至在纽约持枪射杀了五名自行车手，其中有一男一女骑着双人自行车，另外还有两名成年男子以及一名男童。当他的枪口正准备瞄准第六位受害者时，他被制服了。在长岛发生过一个类似的案例，只是它的危害性略小一些——一个名叫雅各布·海茨（Jacob Heitz）的牛仔拒绝将他的套车向右停靠，以避让数百名自行车手。骑手们不停地按着车铃,于是他把自己的车横停在路面上,眼看着男男女女纷纷下车,推着自行车从没有路的田间绕行。但这对他来说还不够解气,于是他粗暴地驾着马车驶入人群,有五名妇女只得赶快下车逃离。当有一位自行车手成功抓住其中一匹马的缰绳时,海茨的鞭子向他的头颅挥去。

现在,行人在过马路时不得不去主动适应自行车手的存在,因为马蹄声嗒嗒作响,电车或缆车发出铿锵的鸣奏,而自行车则会不声不响地经过。此外,自行车手会因为避让道路上的洼陷或泥坑而转到人行道上行驶。警察因此而被赋予了利用罚款手段来使人行道不受自行车侵犯的任务。彼时还没有今天司空见惯的雷达测速技术,不过已经出现了"人行道陷阱"(sidewalk traps)这一概念,警察躲藏在暗处守株待兔。一些报刊提醒人们注意某些臭名昭著的人行道陷阱,甚至很快就有人站出来怀疑,一些城镇是故意在街道上制造泥坑的,以逼迫自行车驶入他们布下的陷阱。在纽约的隆道特,一位名叫约翰·雅各·阿斯特四世(Johann Jacob Astor IV.)的富商对此提出抗议。他指责市政府对损坏的道路不加修缮,且 10 美元的罚款数额太高。这笔罚款足以掏空一位职员或机械师在长达三天的旅行中需携带的所有现金。

飙车族（scorcher）这一群体同样加剧了当局与自行车手之间的矛盾冲突。这个词由动词"scorch"派生而来，意为"灼烧"，但在德语中与它意思最接近的说法是具有方言色彩的"像被烫过的母猪一样飞奔"（fahren wie eine gesengte Sau）。甚至波普创办的公司刊物也称飙车与酒后骑行一样不可接受，并呼吁民众支持警方，共同反对飙车。在纽约，管理部门会对超速者罚款 5 美元；而在新奥尔良，当事人可能被处以高达 25 美元的罚款或为期 30 天的监禁。然而，为了抓住飙车狂徒，警察自己也不得不骑上自行车。例如，纽约市就成立了自己的自行车中队。西奥多·罗斯福（昵称"泰迪"，毛绒玩具熊即以他命名）在成为美国总统之前，曾担任警察局长，他这样叙述过自行车中队的英雄事迹：

"队伍里的这个德国人有一身好本事，他总能设法将每一匹脱缰的马制服，而且从没丢失或弄坏过他的自行车。一旦时机成熟，他通常就从右边袭近马匹，用左手抓住马衔，同时右手握住自行车的车把。然后他一步一步地将那头失控的动物收于自己的控制之下。他从没失败过，不仅能让马停下来，还能确保自行车毫发无伤。他总能追上超速者，尽管其中一些人本身就是职业赛车手，他们故意违反法律，想考校警察一番，看他到底有没有本事追上自己。"

开放市场

自行车工业仍在不断向前发展。在推出哥伦比亚牌"无链"（Chainless）自行车的同时，波普试图买来无链自行车的所有专利以重新获得行业内的垄断地位。那时，自行车链条的生产技术还不太成熟，因此链条经常断裂。一旦链条断裂，骑手就只能推着自行车走了。无链自行车（通常被误称为"万向车"，与这一名词所指的摩托车不同，无链自行车在连接后轮的传动轴上没有采用万向接头）则可以克服这一缺点。它的设计灵感来源于美国的"沙伊"（Shay）森林轨道机车，它是以去皮的树干作为行驶轨道的，因此必须驱动转向架上的所有轮轴。然而，波普打的如意算盘还是落空了，因为造价更为昂贵的无链传动装置很容易发生故障——锥齿轮上的轮齿会在崎岖路段脱落，于是传动装置在行驶途中必须经常重新调整。与此同时，人们已经有能力生产出不易断裂的自行车链条了。

1897年，有越来越多的迹象表明，自行车在市场上的价格已经无力继续维持在此前的高位。根据一份德国

报纸的消息,即使是美国的自行车生产厂商们在仓促之下成立的卡特尔(一种垄断组织形式)也无法再阻挡这一趋势:

"《日报》最近在号外消息中报道了美国'自行车厂商联盟'分崩离析的经过。波普公司已将哥伦比亚牌自行车的价格从 100 美元下调至 75 美元,其他大公司也必须见招拆招。一场激烈的价格战已经打响。一些有实力的公司甚至愿意以低于生产成本的价格出售它们的产品,直到它们的竞争对手被拖垮,认为在那之后就可以按照自己的意愿调整企业的经营方式,并恢复'正常的价格水平'。同时,价格下降或许会促使美国骑自行车的人数增张一倍。在德国,这一工业界事件也引起了广泛的关注,不过德国的自行车价格正在上涨,而非下降。"

于是,美国的自行车公司加大了对欧洲市场的出口力度,并以较出口对象国国内竞争厂商更为便宜的价格出售自身产品:

"近期,来自美国的同行业竞争者已经引起了英国和欧洲大陆自行车厂商的担忧。德国和奥地利的自行车制造商甚至一致同意,不与刊登过美国自行车广告的行业杂志合作,不在这些'通敌'的杂志上发布自己的商业信息。《日报》上也发表了好几篇反对跨大西洋自行车行业竞争的文章。"

自行车工程师鲁珀特·里特尔·冯·帕勒（Rupert Ritter von Paller）过去曾提出过一个听起来十分坚实的论点，来反对保护性关税并支持世界自由贸易，而他却在1897年这样写道：

"无论关税如何提高，德国品牌都将始终与最顶尖的外国品牌并存。破产公司甩卖的那些劣质外国货，用不了多久就会被市场淘汰，一是由于难以采购易损耗的替换零部件，二是因为每个爱国的德国人都会拒绝修理这类残次品。因此，在设法获取来自美国的维修服务前，'有幸'拥有这么一辆美国造自行车的人将有充裕的时间用来思考，如果当时他购买的是一辆德国本土品牌的自行车，岂不是更明智的选择吗？因为本土品牌可以提供周到、可靠的产品保障，可以随时帮用户快速更换配件或进行维修。"

来自波茨坦的作家爱德华·贝尔茨持有同样的观点：

"一旦你以低廉的价格从一个不知名的小工厂或从美国买来一辆自行车，你就必须准备好接受无休止的故障和这些状况给你带来的懊丧感，而且在修理上花去的费用可能比整辆车的价格还要高。"

那时人们会将自美国进口的自行车戏称为"美国女

人"。然而，对于里特尔·冯·帕勒来说，想要完全摆脱"美国女人"的吸引力是很难的：

"在设计自行车架构的过程中，美国人展现出了一种非凡的敏锐性。根据他们的观察，人类在正常行走时双腿会紧紧并拢（当然，这里指的是天生拥有良好腿型的人）。于是美国人通过设计窄距的曲柄驱动装置，使得人在骑车时的双脚运动尽可能地向行走时的模式靠拢。"

来自美国的倾销式自行车出口破坏了德国国内的价格结构，最终导致仍在坚持以手工方式生产自行车的小型工厂走向衰亡。在曼海姆，德国自行车经销商协会的一名成员起诉了一家美国自行车的进口商，称其违反了《反不正当竞争法》。据称，这名进口美国产品的商人曾在报纸上赞美自己卖的自行车"结构稳定、运行轻快、设计新颖、样式优雅"，并强调只有他能把自行车卖到100帝国马克的价格——起诉者认为这是一派胡言，任何一个无良商家都可以把劣质产品卖得这么便宜。诉讼以和解告终——看来美国生产的自行车大概也并没有那么不堪。在随后的时间里，曼海姆的四家自行车公司不得不关停歇业或改换行当，因为他们无法承受倾销价格带来的巨大竞争压力。大公司也被迫对其生产环节进行高效化改进。从这个角度看，美国厂商对德国市场倾销式的出口也为消费者带来了益处。到 1900 年，所有工人都可以用 28 帝国马克买到一辆简化版低轮自行车。

即使是由美国制造业巨头组成的卡特尔也无法扭转那里正在发生的不利局面。这一时期，美国城市的有轨列车已经实现了电气化。起初看来，骑自行车的城市居民群体似乎会抢夺有轨电车的客源，但到了 1900 年，这一趋势发生了逆转。城市居民更喜欢乘坐有轨电车，因为这样可以免受不良天气的影响。然而，一些历史学家认为，人们减少自行车使用的主要原因是技术服务问题。美国生产厂商使用的是无内胎轮胎，在轮胎损坏后无法进行修复，而是必须直接更换。欧洲人则掌握更好的轮胎技术——由一个内胎以及一个坚韧的外胎组成。然而，美国自行车手联盟的会员人数从 1898 年的 102600 人下降到 1902 年的 77000 人，最后在 1904 年又减至 8700 人；同一时期，自行车在美国的销售量暴跌了 80%。自行车热潮的终结比现代汽车的出现还要早上几年——价廉物美的福特 T 型车直到 1908 年才成功问世，但它在当时对许多人来说仍是无法企及的奢侈品。不过自行车绝没有就此销声匿迹，它依然被许多通勤者列为首选的交通工具。而在欧洲，来自美国的倾销式出口促使价格下降，所以现在几乎所有的社会阶层都有能力骑上自行车了。

经济方面的影响

马匹出局

由于自行车的主要角色已经从一种竞速载具过渡成为一种交通运输工具,与之存在竞争关系的行业势必要蒙受严重的经济损失。1900年,作家贝尔茨描述了自行车造成的一系列经济影响。按照当时德国的语用习惯,有人会把整个自行车行业称为"自行车运动"(Radfahrsport)。此外还有人对自行车竞技和自行车的日常使用做了区分,贝尔茨也谈及了这一点:

"公众对于自行车的愤懑情绪,很大程度上可以归结为他们对自身生存状况的担忧,因为自行车强大的竞争力在许多就业领域都对他们产生了威胁。当自行车厂商往自己的脸上贴金,声称他们提高了国家整体工业水准并带来了经济繁荣时,他们掩盖了这样一则事实,即他们的利润是以别人的牺牲为代价换来的。我们当然无需怀疑，自行车总的来说不仅作为一件具有文化属性且理想化的产品存在，还增加了可以用货币单位来进行计算的国民财富。这架机器可以改善人的身体素质，帮人节省时间，从而直接或间接地帮我们创造出更多可能，同时它也能提升劳动的效率和产出。"

《纽约商业杂志》（*New York Journal of Commerce*）在1896年估计自行车热潮使其他行业每年损失1.12亿美元，其中马匹以及与之相关联的产业受到的打击尤为严重。1895年，美国7个主要城市的马匹数量总和较前一年减少了24万匹。然而人们应当同时注意到，有轨列车的电气化也是这一现象的幕后推手。马匹饲养员、马贩子、马厩主以及出租马车夫（相当于当时的出租车司机）大都没有分文入账。不过，纽约的一个马贩子仍然试图使自己振作起来：

"人们对自行车的热情来得太过猛烈，一定无法维持下去。用不了一两年，马匹将再度赢得男女老幼的兴趣和偏爱。"

然而马匹价格并未止住下跌的势头，马匹市场元气大伤，看起来恢复无望。对饲养员来说，唯一能为他们提供一份工作的行业就只剩下马术运动了。马车的价格也急剧下降，一些马车生产厂商不得不放弃原本的业务，离开这一行。

在自行车问世之前，一个富裕的城市居民拥有的财产包括屋后的小型马车房、一个草棚和几口袋的燕麦。如今这块地方已经闲置多年，直到后来找到了新的用途——成为福特T型汽车的停车库。正如一位纽约底层园丁叙述的那样，从前在大户人家家里只负责照顾马匹的家丁，现在不得不寻找新的工作：

"自从这家的女主人开始骑自行车后，家仆的数量就减少了。家里的四位小姐个个骑上了自行车，家中的年轻男子也都是自行车发烧友。家中的部分马匹已经卖掉，马夫也被解雇，现在打理整个马厩的重担落到了几位马车夫和一个帮他们打下手的小伙子身上。由于小姐们经常骑车外出，也就不再需要有女佣陪着她们了。厨娘为此感到惋惜，因为少了女佣之后，现在有许多额外的工作需要由她来做。"

辔头等马具的制造商纷纷改行，开始生产自行车座椅。

怀俄明州有一位莫斯利先生，他曾试图用自行车取代他手下牛仔骑的马，不过未能成功——这对于马匹从业者来说或许算得一点微小的慰藉。"菜农的驴子在一周内吃的东西就算再怎么少,也要比自行车在一整年内耗去的维修费用多。"一个名叫斯蒂德的英国人在为他的"漫游者"(斯塔利大获成功的低自行轮车)所写的推介中如是计算道。考虑到马匹很快就会被彻底取代,人们对未来遂产生了颇为美丽却更似海市蜃楼一般的憧憬:

"马匹将从道路上彻底消失,就像它们已经从大多数架设了电车轨道的路面上消失一样。根据科学原理铺设的光滑得近乎完美的道路将随之产生,而且由于路面无需再被马蹄践踏,道路的养护成本将降至最低。大批靠电力驱动的轻型车辆将无声无息地沿着各个方向穿梭运行。街道上几乎所有的噪声和喧闹声都将平息,城市居民大部分紧张、狂躁的情绪也会随之消退。街道清洁工最终也将沦为一个无用的闲职。"

其他失利者

购置昂贵的自行车理所当然地会夺走本可以流入其他行业的巨大购买力。或者就像当时人们所说的:你不可能让100万人都各花80美元买一辆自行车,然后叫他们再拿出同等数额的钞票来买其他商品。最先感受到这一影响的是奢侈品商人,尤其是众多的珠宝和钟表制造商叫苦不迭。据他们说，从前人们习惯在儿子受圣餐礼或坚振礼时送给他一块金怀表，而如今则会选择买一辆自行车。女孩们曾几何时会为了耳环、胸针和吊坠攒下零花钱，现在她们攒钱的动力无疑变成了自行车。父母也加入了孩子们的行列，于是家里所有的积蓄都只有一个归宿——换来自行车。许多珠宝店倒闭关张，其中的一些转而去做自行车生意。例如，一位名叫约翰·基姆（John Keim）的纽约珠宝商改行在水牛城为西尔斯·罗巴克百货公司这样的大买家制造自行车——由于尼亚加拉大瀑布就在厂址附近，那里的电力非常便宜。该工厂以其先进的制造技术而闻名，后来被亨利·福特买下，改用于汽车生产，并被迁至巴吞鲁日。

家具商人抱怨说，他们听到不少母亲告诉自己的女儿，"你得在为房间添置新家具和买一辆自行车之间做出选择"，而她最终的选择无疑是自行车。以前的新婚夫妇大多会为一架钢琴攒钱，而美国的钢琴制造商现在所经历的变故，从一位来自明尼阿波利斯的读者寄给报刊编辑的信中可见一斑：

"过去，新婚夫妇在我这里是购买钢琴的主要客户群体。有时他们会分期付款，不过通常情况下他们已经攒够了钱，可以用现款完成一次性购买……这对钢琴厂商来说是一个很重要的收入来源。那么现在呢？在自行车广受欢迎之后，我们的处境又如何呢？好吧，过去攒钱买钢琴的年轻人现在会拿存款来买两辆自行车。时代真的变了。其他钢琴商人会告诉你他们面临同样的窘境，毕竟一架钢琴的价格抵得上两辆自行车。自行车当然会给人带来快乐，但也并非总是如此……这么看来，钢琴商人唯一的机会在于将钢琴与自行车结合起来。"

作者贝尔茨证实了，这些现象在德国同样存在，不过他补充说道：

"尽管人们会对上述人群以及其他所有因自行车而蒙受损失的商人感到惋惜，但如果一项健康的运动取代了可有可无的奢侈品，那么这并不算是世上的一桩不幸。而且事实上，所谓的钢琴演奏早已堕落为由毫无天赋的姑娘们上演的一场闹剧，它的减少对于喜爱安静和精神世界丰富的那部分人来说，恰恰是一种福音！"

他这里的陈词很可能源于他在波茨坦的出租公寓里长期忍受痛苦的经历。

自行车还影响了酒精消费，正如美国自行车手联盟在其会员刊物中所写：

"自行车从本质上讲就是一个禁欲主义者。它可以驶出美丽的曲线，但却忍受不了黑麦引起的微醺（即因威士忌醉酒）。自行车手不仅需要功能强大的肺，还必须要有清醒的头脑和坚定的良知。"

事实上，已经有数以千计的自行车手戒绝了酒馆，生意惨淡的酒馆经营者对禁酒令表达了强烈的不满。基督教妇女节制运动的领袖弗朗西斯·威拉德（Frances Willard）表示，比起她所领导的组织，自行车在倡导禁欲方面发挥了更大的影响。西格蒙德·弗洛伊德在大洋彼岸以怀疑的眼光观察着美国节制运动的发展：

"在那里，他们现在想要剥夺人们能获取的一切刺激物、麻醉剂和享乐用品（这显然是受女性统治的影响），并使人们对上帝充满敬畏，使禁欲塑造成一种对上帝的补偿。对于这一社会性实验的结果，人们无需抱有好奇，因为结局其实早已注定。"

尽管美国的禁酒令在20世纪20年代被废除，但自行车还是促成了美国人酒精消费行为的持久性改变——美国的一些县至今仍然流行"干型酒"。①

针对禁酒话题，柏林女子自行车俱乐部的主席阿玛莉亚·罗特尔在1897年曾表达过完全不同的观点：

---

① "干型酒"的含糖量在 4g/L 以下。美国人一般更偏爱糖分更多的"半干型酒"。

"然而在某些情况下，备受指责的酒精也有其好的一面。所有广为推崇的抗疲劳药物（比如可乐）从未让我感受到任何明显的效用。作为对比，喝一口品质上佳的干邑白兰地或朗姆酒对于消解极度疲劳和紧张有着近乎神奇的效果。当然，这种效果不会持续很久，但如果它能帮助你在短时间内达到一个本来不可能实现的目标，那就已经足够了。"

这段话中值得关注的地方还在于提及了来自西非的可乐果。显然，人们对"抗疲劳药物"的需求量越来越大，而据说可乐果比咖啡豆更能缓解疲劳。1900年出版的《自行车通用手册》(*Handbuch des gesamten Radfahrwesens*) 指出：

"对于无数的自行车手来说，超过眼前的每一个人是生活中的一种本能需要。如果被超越的人出于同样的'好胜心'而奋起反击，那么一场小规模的竞赛即将开始，这是一场一对一的决斗，过程往往相当惨烈，直到其中一方败下阵来方才收场。通常情况下，如果决斗双方均为业余车手，即没有经过系统性肌肉训练并不习惯高强度呼吸的人，竞赛双方都会精疲力竭，最终彻底'歇菜'。"

为此，市场对新的"人工合成刺激物"，如可乐酒、可乐糖或可乐柠檬水等，产生了巨大的需求。可口可乐在 1886 年就已经开始售卖，但它首获成功大概还得主要归功于 19 世纪 90 年代的自行车热潮。医生卡尔·弗雷塞尔博士（Dr. Carl Fressel）在其关于自行车的书中描述了一个借助"达尔曼可乐药片"进行的自我试验：

"每当我出现疲惫感，就服用 2 到 3 片可乐药，效果总是立竿见影。大约一刻钟后，我有一种感觉——似乎疲惫感逐渐退散，身体内被消耗掉的能量又回来了，最终感觉不到任何疲劳。我恢复了活力并感受到了刺激，于是继续骑行。不仅是疲劳感，就连饥饿感，特别是口干舌燥（这种感觉是骑手们的噩梦，常常带来严重的负面影响）的感觉也消失了，自行车手于是可以怀着愉快的心情继续在尘土飞扬的乡间道路上骑行……最主要的是得让更多人认识到上述可乐果的功效，并让它在自行车运动界普及开来。"

"萨罗蒂"（Sarotti，商标是一个黑色小人）牌可乐制剂同样不错，在柏林的美丽联盟街（Belle-Alliance-Straße）可以买到，于是有人开始怀疑这个可敬的巧克力品牌竟然也自甘用产品来满足自行车手的好胜心。含有可卡因和古柯的制品形式多样，比如古柯香烟、古柯烟草以及古柯精华——医生奥托·埃卡留斯博士（Dr. Otto Ekarius）专为自行车手研发了这一产品，"我观察不到任何有害的副作用",他如是说道。只有来自波恩的解剖学家保罗·席菲尔德克(Paul Schiefferdecker)在他的指南手册《自行车运动及其卫生学》(*Das Radfahren und seine Hygiene*)中警告人们不要滥用此类产品。当然,所有的"六日赛"竞速骑手都在疯狂地使用兴奋剂以缓解自身的疲惫,这在服用可卡因制品的业余自行车手看来再正常不过了。使用兴奋剂被社会所接受。含可卡因或可乐的兴奋剂制造商因此成为了这场自行车热潮中的赢家。

然而,享乐用品行业中受打击最大的是烟草贸易。根据作家贝尔茨的说法,自行车运动风靡美国使得雪茄消费减少,以至于所有美国人加起来平均每天比之前少抽100万支雪茄。从自行车热潮开始一直到1896年的夏天,雪茄的销量总计减少了7亿支。因为在自行车上,骑手没有空闲着的手可以用来拿雪茄,而且也找不到一个合适的地方放雪茄。三轮车骑手的情况要好一些,他们可以先爬上车,坐稳后拿出烟斗并填充烟草,最后点燃——而不必像自行车手那样,在抽烟的同时需要拼命保持住平衡。在一幅自画像中,我们可以看到西班牙画家拉蒙·卡萨斯(Ramon Casas)乘坐着双人自行车,抽着卡在烟斗里的雪茄。就连糖果生意也不如从前好做了,因为在骑车时吃糖会干扰呼吸。

在自行车的冲击下，娱乐产业同样难以幸免。在1896年，每个人都省下戏票钱来买自行车，此后的情况仍然未能得到任何改善。年轻人宁愿骑自行车也不去看戏，即使是在不那么适合户外活动的秋冬时节。一家纽约巡回演出剧团的经理抱怨道：

"一到春天，人们就在每一个有午后场和晚场表演的日子去骑自行车，剧院里寂寥无人。此前我们每年夏天在巴尔的摩、华盛顿和波士顿的生意都很火爆，但现在没有观众，演出也就失去了意义。只要街道还适合骑行，戏剧表演的旺季就会彻底消失。我可以告诉你：就是自行车毁掉了剧院的生意。"

在芝加哥，原本于周日进行的演出不得不完全终止。此外，理发师们也面临着困境。在理发店，以前顾客们通常会带着自己的修面刷和肥皂盆，在去剧院或赴其他晚间活动之前来这里剃须。纽约的一位理发师对行业现状的评论说明了一切：

"我的店里如今入不敷出。在自行车热潮来袭之前，男人们经常在星期六来我这里剃须、理发，有时还会洗头，以便晚上带他们的女朋友出去看戏或去别的什么地方玩。现在他们骑着自行车出门，根本不在乎自己的胡子刮没刮。你看，自行车抢走了我们的生意，因为如果一个人今天不想刮胡子，那么我们明天怎么也没法给他刮两次。那次失去了的生意永远无法再得到弥补，这是无法挽回的损失。"

如果说剧院的情况已经十分糟糕了，那么书籍、报刊、书店和出版商在自行车热潮中的生存状况也没有好多少。经常骑自行车的人不会有多少时间可以拿来阅读。纽约的一家大型图书零售商估计，自行车的流行给其在1886年造成了100万美元的损失。帕特南和斯克里布纳等出版业巨头怨声载道，但哈珀公司却在这股低潮中显得游刃有余，因为其推出的《时尚芭莎》杂志中包含了相当多的自行车新闻，足以引起读者的兴趣。两年之前，法国的龚古尔兄弟写信给他们的出版商，表示他们担心自己作品的发行量会下降，因为人们花在骑自行车上的时间比在家里看书的时间要多。《柏林市报》（*Berliner Stadtzeitung*）一位名叫贝尔的专栏作家于1899年5月公布了一项由其个人收集的统计数据：在8个星期的时间里，他只遇到了92个身边带着书的人，而与此同时他却看到了2417个拿着草地网球拍的人，并且有超过5万人骑着自行车从他身边飞驰而过。富有哲学头脑的贝尔茨也就此事发表了自己的看法：

"这可不是什么好兆头，因为当人们怠惰了对于提升自我修养的追求，这同时也必将伴随着文化的式微。然而事实如此：并不是每本书都具有教育意义。如果市面上能够因此而少一些平淡乏味的消遣性读物，换一个角度看也不失为自行车做出的贡献。"

当时，德国的图书馆员们集体抵制了新出版的自行车书籍，其抵制方式是在各个州的图书馆中只保留自行车书籍的赠阅本，除非作者最近再版了这本书，否则不予替换。此外，贝尔茨还注意到：

"裁缝受到来自自行车运动的负面影响甚至还要更为严重，因为无论男女都凑合着穿廉价的自行车运动服，其中大部分是由男方买来的成衣。"

因此，质量好的衣服可以一直这么穿下去，各种尺寸的俱乐部制服也都可以进行批量生产。美国裁缝的业务量下降了25%，而且这一损失数额从未得到恢复，因为在自行车手的助推下，购买成衣商品取代了原本量体裁衣的做法。即使是体面人家的女孩在晚上也不再穿着精细讲究的衣服待在家中，而是穿着批量生产的运动服在外玩耍。在纽约大约20000名裁缝中，有8000人失业。贝尔茨补充道："对于制作男帽女帽的手艺人来说，日子一样不好过"，因为自行车手一般会戴廉价的便帽，而不戴昂贵的礼帽。一位来自美国相关行业的代表气愤

地恳请当局制定一项法律,规定所有骑自行车的人每年必须购买两顶毡帽。根据贝尔茨的记录,鞋匠们也面临着相同的困境:

"制鞋行业的损失尤其严重,因为人们在骑自行车时通常只会穿低帮的沙滩鞋,这种鞋可以以低廉的价格买到现成商品,而且在自行车脚踏上也十分耐磨。"

贝尔茨还趁此机会对警察挖苦了一把:

"当然,德国警察会帮助这个遇到困难的群体,他们强迫自行车手下车推行,好让他们在劣质的人行道上磨坏脚上轻巧的鞋子。"

按理来说,自行车本应当能够使人员交通和货物运输更为便利,从而大大促进各行各业发展,但对美国的水管工来说则并非如此。在印第安纳波利斯,水管工协会通过了若干项决议,谴责在工作中使用自行车的行为,原因是它使水管工的工作在过短的时间内完成。从客户的角度来看,水管工在维修过程的大部分时间里都是在工作的地方无所事事地等待着助手回到车间去拿回什么要用的东西。因此,印第安纳波利斯的水管工协会辩称,如果助手在该情形下有一辆自行车可供使用,那么水管工的业务将遭受致命性的打击,因为只有疯子才会傻到不必要地缩短维修时间。

自行车热潮中的受益者

在低轮自行车的价格大幅跳水之前，全世界的生产商已经赚得盆满钵满。同时自行车配件厂商的业务也在蓬勃发展。仅举一例详细说明：自行车照明已经发展成为一项规模庞大的附属行业，最初自行车手都是用油灯来照明。那时，用户买到的自行车是不配备任何照明装置的。橄榄油、鲸鱼油和菜籽油是灯油的首选材料，煤油含有杂质，会产生烟尘和难闻的气味，因此而被弃用。自1895年起就有了工业制成的电石（主要成分是碳化钙），当滴入水时会释放出乙炔气体，燃烧时能产生极为明亮的光，以至于广告商在宣传中将其与太阳光相提并论。很快，每个有自行车的国家都出现了生产金属电石提灯的厂商，这种产品的操作要求和清洁成本很高，而且由于可能发生爆炸而存在风险隐患，因此只能吸引男性用户使用。鉴于这种情况，很早就曾有人试图为妇女研制一种使用电池的车前灯，但灯泡内脆弱的灯丝往往无法经受行驶过程中不可避免的频繁颠簸。电石灯的底部有一个电石容器，上层是一个小水箱，水从那里通过一个可调节流量的龙头滴下来。一根可活动的软管将产生的乙炔气体导入陶瓷燃烧器，气体从那里流过两个或多个小孔，然后开始燃烧。使用者可以通过掐紧软管来熄灭火焰，但是无法阻止气体的生成。在出发之前，人们必须估计自己此趟需要多少电石，并预先准备好相应的数量。如果灯火在途中熄灭了，骑手必须下车重新点燃它。一些电石灯设有一个额外的防水隔间，用于放置火柴。还有一种电石灯是无需下车就可以点燃的——使用者借助一个类似于玩具手枪中的击锤装置，在纸带底火装置上引发一次小型爆炸。骑行结束后，电石灯必须卸下来清洗，因为被水滴过的电石有一种不好的特性，即产生的乙炔气体会在金属板壁的内侧黏结。这就是为什么英式自行车直至今日仍配有一个金属质地的角形灯座，这样灯就可以从灯座中向上抽出。电石通常在骑行结束后并不会耗尽，而是继续产生着气体，因此必须把它放在室外，这样室内就不会出现易燃的混合气体。清洁问题的最终解决方式是，购买包装在硬纸中的固定剂量的电石，剂量多少将取决于骑行距离。这样一来，使用过的电石可以和包装纸一起被清除干净，不留污痕。在德国的首批自行车电石车前灯上市之后，以曼海姆的上莱茵金属制品厂（Oberrheinische Metallwarenfabrik）为代表的制造商也开始为摩托车和汽车生产电石大灯，这类产品的生产一直持续到 20 世纪 20 年代。在今天的印度，仍有人在为自行车制造电石灯。直到耐用的钨丝灯在 1911 年问世（来自莱比锡的阿尔弗雷德·韦伯在 1886 年获得了这项发明的专利），小型的发电机才开始展露头脚。当时，韦伯赖以为生的业务是为放置在自行车和三轮车上的照相机做固定支架。除了许多实用配件以外，还有一些奢侈品也可以安装在自行车上，如安装在车把穿孔板上的音乐盒，可以在骑行时播放音乐。

自行车服务业从业者自然也成了这次"浪潮"中的赢家。驾驶学校遍地开花，教学地点大多还是设在大厅里。据来自慕尼黑的小说家路德维希·甘霍费尔（Ludwig Ganghofer）说，驾驶课程的课时数可能会在某些情况下累加延长：

"一部分人似乎天生就适合骑自行车，只用了几个小时就在车上如鱼得水，这标志着他们作为一名准自行车手已经取得了初阶的成就；而另一部分人则满头大汗地苦苦挣扎了好几个星期，甚至好几个月，才终于学会。"

市面上还有一种特别的驾驶学校，这些学校只为妇女学员提供女性驾驶教练。此外还有另一种情况：女学员穿着有握带的护腰，由男性驾驶教练提供教学，这样他们就不必直接触摸女学员的身体了。在美国有一种广为使用的户外设施，自行车学员通过安全带悬挂在顶部呈环形的轨道上，避免在练习时摔倒在地。

修理厂明显也是自行车热潮中的受益者，德国的修理厂大多是由从业多年、德高望重的缝纫机机械师经营的。然而谁又能想到，古斯塔夫·耶格尔（Gustav Jäger）这么一个来自符腾堡王国的生活方式改革倡导者会成为这股浪潮中的幸运儿呢？他从前在维也纳当家庭教师，后来做到了斯图加特理工学院的生物学和动物学教授。他很早就已树立了这样的信条：人与动物的关系比人与植物的关系更为亲密，因此他在穿衣上会选用动物材料而非植物材料——即采用羊毛，同时绝不用亚麻或棉花。他能够在当时如火如荼的生活方式改革运动中建立自己的"羊毛国度"，并为斯图加特纺织业创造出新的客户群体，带来经济上的繁荣。他的一切用品都必须由羊毛制成：西装外套、衬衫、内衣、脚趾袜，甚至还包括手帕。直到战后，仍有专为男孩设计的"布莱勒"牌（Bleyle）套装，如遇损坏还可以送到斯图加特针织厂进行缝补。耶格尔理念的追随者被称为"爱毛者"（Wollene），他本人则被称为"羊毛猎人"（Woll-Jäger，耶格尔的姓氏"Jäger"在德语中有"猎人"的意思）。这些"爱毛者"

中就包括一些杰出人物，比如符腾堡国王威廉二世、赫尔穆特·毛奇（Helmuth Graf Moltke）伯爵以及实业家罗伯特·博世（Robert Bosch）。作家卡尔·迈是耶格尔的朋友，他在给耶格尔的一封信中写道："我从来没有一毛不拔的时候。为什么呢？……因为我对羊毛爱不释手！"

其他追随者同样证实了耶格尔所谓的"正常衣着"能够给人带来积极影响：一位工程师和一位建筑师一致表示，自从他们开始穿羊毛制成的服装后，绘图对他们来说变得更加有把握也更轻松，他们往往可以做到一挥而就，无需反复修改；一位钢琴女教师称，她现在弹错琴键的次数比之前少多了，而且敢于弹奏难度更大、有许多变音记号的乐谱；一位神职人员称赞说，他在布道时的流畅性和笃定感大幅提升了；一位教师说，他的学生们现在极少再调皮捣蛋，而他自己也很少发火了。

此处的叙述很难不让人从中读出一些讽刺的意味，不过耶格尔发迹成为富翁主要还是拜自行车手所赐。自行车手在当时已经算是社会中的进步群体，因此特别容易接受生活方式改革的新理念，与此同时，羊毛运动衫的价值得到了发掘。当时德国所有的自行车书籍都一致推荐由羊毛制成的内衣和运动衫。威廉·沃尔夫在1890年出版的《自行车与自行车手》（*Fahrrad und Radfahrer*）

一书中却仍然引用了羊毛制品竞争对手的观点（拉曼博士认为羊毛对皮肤造成的搔痒感太强）：

"内衣最重要的是要选择上好的纯羊毛，因为这样一来衣服即使被汗水浸透，也不会像丝绸和亚麻布那样冷冰冰地贴在肌肤上。因此，这种羊毛内衣以及耶格尔式的衬衫和长裤，可以在最大限度上抵御寒冷。当然，拉曼博士建议的棉质内衣也不应该被弃用。萨克森州林巴赫的阿尔宾·舒曼（Albin Schumann）很可能是唯一一位专门生产运动服的制造商，与耶格尔教授不同，他生产了一种所谓的"通用运动上衣"，弥补了耶格尔式衬衣的缺陷。"

作家萧伯纳是一位热爱挑战的自行车手，同时他也是一位"爱毛者"。刘易斯·托马林（Lewis Tomalin）仰慕萧伯纳，他拿到了耶格尔产品在全英范围内的销售许可，并在伦敦开了一家"耶格尔商店"，生意十分兴隆。不久之后，耶格尔商店遍布大英帝国各地；第一次世界大战后，耶格尔发展成为一家纺织品公司，工厂设在英国，羊群养殖基地设在澳大利亚和新西兰。该公司仍然忠实于动物毛材质，在20世纪30年代，骆驼绒大衣就是在这家工厂里问世的。如今，耶格尔是英国一家声名远扬的时尚品牌，而它兴盛的起因可以追溯到第一次世界大战前的自行车手身上。

自行车的蓬勃发展给连邮政马车都不会涉足的乡村旅店带来了意外之喜——它们原本被新建的铁路网割除在外，因此落得门可罗雀。货运马车也不再造访这里，因为长途货运的功能已经转移到了铁路上。突然间，旅客们骑着自行车从城市蜂拥而至，他们口干舌燥，急切地迈入老旧的乡村旅店。从前的饮马槽用来满足马匹的需求，而现在则被改造成了自行车停车位。对于柏林的骑行者来说，城市西边的韦尔德（Werder）是一个不错的旅行目的地，正如贝尔茨所谈到的：

"在草木开花的时节，若挑一个星期天观察一下从柏林到韦尔德的大道，便可以邂逅足见自行车运动极速普及的生动景象。在这样的日子里，一条延绵不断的自行车流从大都市一直通往勃兰登堡的岛上小城，其间距离约为40千米。当整个车队在晚间打着发光的提灯启程返回时，就好像无数的大萤火虫在深夜里汇成流动的星河。"

在美国，农户们开始为自行车手提供餐食，他们在树荫下摆放桌子和长椅，通过招待骑手赚取外快。自行车俱乐部同各个州的酒店业主达成协议，为其会员住宿提供折扣。作为回报，这些酒店收到了俱乐部的纪念章，在其入口处的醒目位置予以展示。此外，俱乐部发行的报刊上也会为这些酒店打广告。酒店于是争相为自行手提供专门的促销活动。例如，纽约州一家酒店的老板为了吸引顾客，承诺向新年第一个到达自家酒店的车手赠送一瓶葡萄酒。

骑自行车的人们一不留神就容易走远，然后发现自己处于陌生的地形之中，需要想方设法才找到正确的方向。因此，各地都印有供自行车游客使用的地图——这就是最早的非军事用途的地图。在德国，供职于萨克森皇家总参谋部的地理学家罗伯特·米特尔巴赫（Robert Mittelbach）设计了一本尤其新颖的地图册——《米特尔巴赫的德国道路地形图》(*Mittelbachs Deutsche Straßenprofilkarte*)。这本多页的地图册涵盖了整个德意志帝国及其邻国，道路的海拔剖面图从两地之间的连接线周围翻折出来，以醒目的红色印刷。这样一来，人们就可以提前发现较为吃力的爬坡路段，并及时寻找替代的路线方案。然而现在不能再在地图上用千米测量轮来确定路途的距离了，因为复杂的海拔剖面图意味着测量数值会不可避免地产生偏差。因此，地图上记录了路段从开始到结束的距离（以千米为单位）。在其余方面，这份地图无可挑剔，甚至连林荫道也被详细地标记出来。

后来由维托里奥·德西卡执导的电影《偷自行车的

人》(1948年)被誉为电影史上的不朽杰作,不过在更早些的时候,即19世纪90年代的自行车热潮中,自行车的销量就经历了飞跃式的增长。这一时期的德国刚刚开始传出有关自行车盗窃的故事,而在美国,一些奇闻逸事已经在民间广为流传。在明尼阿波利斯,一位名叫贝克的自行车窃贼被逮捕,他在当时已经可以熟练运用一个现代偷车贼所拥有的一切作案手段:刮毁序列号,重新喷漆,将车体拆卸后再重新组装。实际上他之前就有案底,曾偷过轻型马车。另有一个涉案的二人团伙,他们后来在丹佛被捕,因此被称为"丹佛盗车团",整起案件的经过是这样的:他们在一个地方偷了自行车,然后将车辆拆卸下来,以家庭用品的名义通过铁路货运送回家中。他们洗劫了许多地方方才收手,二人于是搭乘火车返回,将卸下的零件重新组装成整车出售。当他们被逮捕时,两人正坐在地上捣鼓他们的"战利品",其中一个乖乖服法,而另一个却还在虚张声势:"别动——否则我就开枪了",但警察手里握着的可是真家伙。在有20万辆自行车的芝加哥,曾经也活跃着一个猖獗的盗贼团伙:10天内就有63辆自行车被他们"收割",然后再被他们倒手卖去其他地方。即使是两个便衣警察也无法阻止他们。在纽约,一名男子闯入一家商店并偷走了三辆

177

自行车，法官判处他九年监禁。这样看来他甚至超额满足了美国自行车手联盟（League of American Wheelmen，缩写"L.A.W."在这里看来颇具讽刺意味[1]）对所谓"严厉惩罚自行车窃贼"提出的要求——该联盟要求盗贼每偷一辆自行车就得服刑一年。

自行车也为窃贼入室作案提供了便利。在长岛，一名罪犯的"营收"提高了近百分之五十，每晚可以完成五次入室盗窃。可拆卸的自行车灯帮助他在昏暗房屋内挑选值钱的东西。一天夜里，伊利诺伊州一个小镇上的人们早已进入梦乡，有两个盗贼骑着自行车来到镇上的主街道，把自行车停靠在银行的墙上，劫走了一万美元。然后他们骑着车向附近的一片沼泽地逃去。在明尼苏达州，两名穿着自行车服的男子掏出手枪进入银行。他们携着战利品离去，现场只留下两具死尸。追捕他们的警察设法拦下了其中一人，但歹徒在射杀了一名副警长后再次逃逸。然而，在他朝着艾奥瓦州方向前进了 8 千米后，胯下的自行车爆胎了，他于是徒步逃到一片玉米地里，最后在那里开枪自杀。一天后，他的同伙也被警方

---

[1] law 意为法律。

成功抓获。

街头发生的针对自行车手的抢劫行为也与日俱增。在新泽西州,一个夜间骑自行车的人被四名男子袭击并抢劫。同样是在夜里,一个由六人组成的车手小队向长岛行进,领骑车手在全速行驶时撞上了一根横亘在道路中间的树干,从自行车上摔了下来。但接下来并没有发生什么歹事,因为他们人多势众,显然足以吓退劫匪。随着此类事件发生频度增高,越来越多的自行车手开始考虑在乡间骑行时携带武器。一位女裁缝称,她应女顾客们的要求在自行车服上缝制了一个用来装左轮手枪的口袋。1898年,西尔斯·罗巴克百货公司在其商品目录中列出了一种可折叠的"自行车枪",它可以装在皮套中携带,既可作为手枪也可作为步枪使用。《纽约新闻报》(*New York Journal*)在1896年写道,自行车手受流浪汉袭扰之苦已经长达三年之久。其中一个原因可能是,美国当时正处于经济危机之中,许多人因此失业。一些流浪汉可能对这些能够为一辆自行车花去普通人半年薪水的潇洒男孩并不抱有多少同情心。于是,自行车手们决定用左轮手枪武装自己,这意味着美国的枪支制造商柯尔特公司也能够从自行车热潮中分一杯羹。

然而最大的获利者还要属城市边缘街区的建筑开发

商和房产经纪人。自行车使公司职员（甚至很快也使工人）能够搬到覆盖着绿植的郊区，然后每天从那里骑着自行车去往工厂上班。

新女性、宗教、健康

女性骑上了自行车

"如果说有什么因素使德意志的民族性发生了根本性的变化,那这个因素一定是德国女人。这个群体自身也在发生着翻天覆地的变化——我们称之为'取得进步'。在十年前,没有一个顾惜自己声誉并希望为人妻子的德国女性敢于购买一辆自行车。今天,数以千计的妇女在乡间驾车疾驰。老人们见此摇头叹息,可我注意到一众年轻男子乐于拥抱这一趋势,站在了妇女这一边。"

作家杰罗姆·克拉普卡·杰罗姆在他的幽默小说《三人同游记》(*Drei Männer auf Bummelfahrt*)中如是描述当时正在发生的社会变革,该书讲述了1900年前三个人骑自行车穿越德国的故事,至今还在不断再版。然而,德意志帝国成立初期的女性想要骑车可并不容易。她们受制于身上僵硬的紧身胸衣、厚重的裙子以及臃肿的衬裙，就连平时想要正常呼吸都有些困难，更不用说骑自行车了。男性作为一家之主、手握经济大权的地位不可动摇，这符合当时的法律和社会风俗。当德国妇女第一次骑上自己的自行车，动身前往前所未见的广阔天地时，她们一定顿感无比地自由。

在那个年代，英国、法国以及美国妇女发挥着先锋榜样的作用（美国妇女在这方面的表现尤其突出）。彼时只有女艺人会骑高轮车——她们作为男子自行车赛中的表演女郎，跟随赛事举行巡回演出，为主办方吸引观众，以便其能够用赚来的门票钱抵偿支出的赛事奖金。其中有一位不世出的天才选手，名叫艾尔莎·冯·布鲁门（Elsa von Blumen），别名卡洛琳·基内尔（Caroline Kiner），她在职业生涯初期曾是一名跑步选手，她练习跑步的初衷是为了同自身所患的肺痨斗争。在纽约州的罗切斯特赛车道，这位时年 21 岁的姑娘在三场比赛中两度凭借自行车击败了一辆双轮单座马车。五年后，她在室内场地用 51 个小时骑行了 590 千米，打败了两名被允许轮流骑行的男子选手。她这样理解当时自身所肩负的使命：

"通过在观众面前呈现我的自行车技艺，我不仅表达了自己对于这项当下最具现代性也最令人着迷的娱乐活动的理解,还展示了美国年轻女性对参与塑造体育文化和接受体育训练的强烈需求。"

但对女性来说,摆在面前的唯一选择是常人根本负担不起的三轮车。像艾尔莎这样穿着长裤骑着高轮车出门,对于当时道德观还很陈旧保守的多数人来说是不堪想象的,而且这项运动本身也太危险了。《明尼阿波利斯论坛报》(*Minneapolis Tribune*)在 1894 年的一篇报道中称,在低轮车得到推广之后,情况就大不相同了:

"自行车运动正在迅速改变人们对妇女及其能力所持有的看法。骑在自行车上的女人是一个独立而自由的个体,可以随心所欲,任意驱驰。在自行车走进她们的世界之前,这一点根本就无从谈起。"

在 19 世纪 80 年代初的慕尼黑,据说有个别女人将自己打扮成男孩模样去骑高轮车。而在十年后的柏林,阿玛莉亚·罗特尔与律师约翰内斯·雷姆林博士(Dr. Johannes Remling,杂志《自行车世界》的法律顾问)一同住在布吕歇尔广场,她是女性自行车运动史上一位勇气十足的先驱。她曾写道:

"当时,即使是我们中最大胆的人也不会想到,有一天我们的衣着可以适配自行车,我们可以穿着长裤骑车。

不少人选择去骑三轮车,因为在万不得已的情况下即使穿着裙子也能骑行。我们当然发现了'漫游者'自行车骑起来更加轻松舒适,但我们被排除在它的使用群体之外,因为我们不能穿着裙子骑它。然后,终于有人制成了女式自行车,这种车通过省去车架上方的横杆,使得女性穿着裙子骑行成为可能。如果没有这辆车,女子自行车运动就不会像现在这般兴起,而且上流社会的女性对于骑自行车的态度会更加犹豫不决。"

法国妇女对自行车旅行这种活动并不感冒,更不用说她们对于自行车比赛所展现出的冷淡态度了。阿玛莉亚·罗特尔借一位法国自行车记者之口道出了其中原委——造成这一现象的主要原因是法国妇女接受的教育中缺乏对于个体独立性的塑造。上流社会的女性被禁锢在修道院里,一直待到她们该谈婚论嫁的年纪。然后她们寻找一位伴侣并立即结婚。在她还是一个女孩时,她根本没有机会碰自行车,而当她已经成为一个女人,要随即面临一系列的社会义务,在家庭中不被允许长时间缺席,因此骑车出游纯粹是一种奢求。此外,法国人还没有忘记,第一批出现在公众眼前的女自行车手并不总是那么刚毅果决,就像在若干年前公开骑自行车的贵族太太小姐们那样。法国的女性很难在四周没有异样眼光和杂音的状态下骑车出行，这些纷扰在旅行途中是不可避免的。她的丈夫也不会允许自己的妻子毁掉她白皙的肤色。无论她走到哪里，哪怕是在旅行途中，她也绝不能在卫生间以外的地方如厕。当然，这在骑行途中是根本无法做到的。这种典型的男性观念早在1893年就被在巴黎上演的现实所驳斥，在那里，"歌剧和戏剧舞台上的女明星同时也想要成为英勇潇洒的自行车手"。在那个充满神秘色彩的风流圈子里，竟也包括女作家西多妮-加布里埃尔·科莱特（Sidonie-Gabrielle Colette）！她们还参加了女艺术家自行车赛。榜样的力量可想而知，到了1896年，巴黎共有大约5000名女性自行车手。相比之下，在1903年的曼海姆只有91名妇女拥有自行车行驶证，占那里骑手总数的百分之五。在英国，自1897年以来，女自行车手一直在举行"长裤大会"，穿着当时人们人们认为妇女绝不能穿的齐膝马裤用餐。

在1890年的莱比锡就已经有了专门面向女性自行车手组织的比赛，而德国北部的第一场女子自行车公开赛于1893年在柏林的哈伦湖举行。一家自行车报刊在报道中写道：

"在通过第一个弯道后，马克尔特小姐来到领骑位置，试图将优势保持到终场。拜耶小姐紧随其后，而其余人则有些掉队。在行至场地的倒数第二条长边赛段时,拜耶小姐开始冲刺,毫不费力地就超过了马克尔特小姐,以好几个身位的领先优势击败了她,而仅有 14 天骑行经验的卡斯帕里小姐则只能远远地拖在后面……这场比赛中未能取得名次的部分女选手(她们是穿着长裙骑车的)对马克尔特小姐提出抗议,因为后者穿着长裤参加比赛,而且骑的是男子自行车,但这项抗议被裁定为无效。柏林民间流传着一些关于女自行车手的笑话,但女选手们并未因此而退缩。"

阿玛莉亚·罗特尔也参与了这场比赛,她对活动取得的成功感到满意:

"这毕竟与看到一个女人在经过某个地方时,后面跟着一群鸣噪喧嚷的市井流氓,给人产生的印象完全不同。对于民间的体育爱好者来说,现在左右摇摆的态度已然打破。骑自行车的男人们尊重我们,将我们看作平等的、志同道合的伙伴,而我们这个群体的上升势头就此开始……现在(指 1897 年)只有个别戴着假发的老顽固才会把女自行车手称为'没女人样的玩意儿'。在古纳森林,人们见到的女骑手有时甚至比男骑手还要多。"

为柏林幽默报(*Berliner Witzblätter*)的画师利奥尼·费宁格(Lyonel Feininger)也持有纸工作相同的观点,

此人后来还成为了包豪斯讲师。当人们读到杂志《钢轮》（*Das Stahlrad*）上的一篇报道时，就会发现并非所有人都对骑自行车的女性怀有敬意："这场女子自行车赛……不过只是成功地博人一笑罢了，因为正经的比赛无法引起观众的猎奇心态。"现在，关于女子自行车赛有伤风化体统的讨论才刚刚展开，德国自行车手联合会于1896年颁布的女子比赛禁令标志着这场讨论的终结——该禁令直到1967年才被取消。罗特尔的个人胜利成了仅存的硕果：

"如果有男骑手愿意甩开身边陈腐守旧的同伴，与勇敢潇洒的女自行车手们一起，明知山有虎偏向虎山行，那么我们当中有谁会不乐意欢迎他呢？"

次年，柏林女子自行车俱乐部成立，由阿玛莉亚·罗特尔女士担任主席。同年，在阿尔托纳、德累斯顿和慕尼黑又有其他女子自行车协会相继成立。在当时的二十多份自行车杂志和俱乐部报刊中，有两份只刊载与女性相关的内容：

《德莱塞娜》（*Draisena*）：最早创办的面向女性自行车手的体育杂志（1895—1899）。

《女自行车手》（*Die Radlerin*）：面向德国以及奥匈帝国女性自行车手的体育杂志（1897—1899），后更名为

《自行车手》(*Radlerin und Radler*)。

《德莱塞娜》的女编辑米娜·维特施泰因-阿德尔特（Minna Wettstein-Adelt）热衷于向读者介绍骑自行车的贵族女士。约萨·马茨娜（Josa Matzner）是来自海尔维尔特（Heilwerth）的贵族女性，她创办的《女自行车手》在内容上更具市民阶层色彩。在这两份报纸上都出现了许多宣传"新女性"自我意识的内容，尽管这些内容远不及撒拉·格兰德（Sarah Grand，又名弗朗西斯·克拉克，Frances Clarke）那样尖锐。撒拉是一位女性主义作家，同时也是一位英姿飒爽的女自行车手：

"新女性有太多的生活乐趣，因此不会有多少精力去关注自己身上的枷锁以及旁人的目光。不过，新女性也的确受制于诸多事物，她们自己当然也明白这一点。"

当时的妇女们需要从《维也纳潮流》(*Wiener Mode*)杂志编辑部于1897年出版的《女自行车手手册》(*Vademecum für Radfahrerinnen*)中了解，什么样的举止才算是得体的。作家斯蒂芬·茨威格在他的青年时代回忆录中简单描述了当时的情况：

"若干社会地位相当但不同性别的年轻人可以在无人监管的情况下一起出游，这完全是无法想象的——或者更确切地说，人们在这种情形下首先想到的是，这几个年轻人之间可能会'发生些什么'。只有在有人监督的条件下——在母亲或家庭女教师如影随形的陪同下,这种年轻人的聚会才会被允许。"

根据《手册》规定,妇女只有在家人或俱乐部成员的陪伴下才能骑自行车出游。如果她筋疲力尽或是自行车出现故障,"其他同行者不应该认为,女士由一位绅士单独陪同着回家有什么不妥,尽管这与其他情形下的社会规则完全相悖"。在上述情况下,特殊的紧急情况成功打破了礼仪法则,后者在前者的冲击下将不得不改变自身呆板僵硬的形态,做出一定程度的妥协。具有进步性的男子自行车俱乐部也有这样的规则:骑行速度最慢的女士应该骑在队伍的最前面,这样一来其他骑行者也必须一同降低速度。《手册》还建议:

"这是一条古已有之且合情合理的良俗,即女士们在绅士们的陪同下不可以动怒,以免有伤自身风度,让身边的人也同感不快。"

为了照顾女自行车手,整个车队在上坡路段都要下车推行。

随手册附送的还有自行车服的图样,可根据自身需求进行裁剪,编辑部鼓励女性自行车手穿着这种服装:

"如果女性现在连长裙都要抛弃——哪怕只是为了骑

自行车——而选择用长裤来代替长裙，并且通过这种外貌上的转变，摆脱了传统性格中保留的最后一丝羞怯，那么可以想见的是，这些女性身上的勇气和独立性会与日俱增，并很快成为与男人平起平坐的对手。心胸狭窄的人担心，倘若假以时日，女性会宣称男式长裤是对两种性别都普遍适用的一种服饰。"

然而，上述设想直到20世纪20年代才成为现实。

人们不应该错误地认为，美国当时对女性的道德约束相对宽松。芝加哥的妇女援助联盟（Women's Rescue League）以其"所有单身女性都必须结婚"的观念而闻名，据该联盟观察：

"年轻女性骑自行车会使自己变得愈发鲁莽和大胆——这样的女性现在越来越多，足以证明自行车在这方面所产生的危害远比其他任何事物都大。她们最终都将归于美国的剩女队伍中。"

尽管其观念已经与现实趋势严重脱节，妇女援助联盟的主席仍在徒劳地争取更多人支持"禁止有违道德的女性自行车运动"的立法。芝加哥的一位牧师则抱有与之截然不同的态度，他建议人们对新女性的行为保持冷静克制。在他看来，骑自行车不会损害家庭，也不会消减母性、优雅的风度以及端庄的举止。爱上一个穿灯笼裤的女人没什么不好,一个不敢穿灯笼裤的女人也并不一定就比前者要好。他认为美国的生活在各个方面都更优越也更自由,既然男人的视野已经因自行车而扩大,现在女人也应该有权体验这般享受。最后,他还激进地呼吁,妇女应该拥有选举权。

在其他地方,例如在肯塔基州,报纸上出现了一批反对妇女骑自行车的讽刺漫画。佛罗里达州的一座城市甚至直到1897年才允许妇女骑自行车。反对意见与传统礼节观念有很大关系。骑车时的礼仪也是一个在民间广受关注的话题。例如,当一位年轻男子在中央公园遇到一位年轻的女自行车手时,他应该向她打招呼吗?一位年轻的女士接受一位男自行车手的帮助又是否合适?《哈珀周刊》(*Harper's Weekly*)在其专栏《街道礼仪》中讨论了此类问题。如果一位绅士在路上遇到一位需要帮助的女士,那么在这种情况下为陌生人提供帮助是完全正确的。不过,如果可能的话,一位真正令人尊敬的女士会立即把她的自行车送到最近的维修站,而不是停在路边等待一位男子路过。

与街道礼仪形成鲜明对比的是,据1895年一家芝加哥媒体报道,一位"上了年纪且受人尊敬的绅士"对一位穿着灯笼裤骑车经过他身边的女自行车手说了不得体的话。女骑手予以回应——攥紧拳头在羞辱她的人鼻子上给了一拳。那中了拳的男子报以轻蔑一笑,她于是在围观者的掌声中又冲着他的下巴补上一记勾拳,那老者随后只得溜之大吉。《德莱塞娜》在1897年报道了类似的故事:

"一位女士成功逼迫一位对她进行粗鄙言语攻击的男子逃之夭夭——她猛地跳下自行车,用狗鞭抽打了该男子几下,然后骑车拂衣而去。"

在那个时代,狗鞭是自行车骑手的标配。它被挂在车把上,以便随时取用,抵挡来自狗的威胁(当时的狗远比现在更具有攻击性)。

一旦问题涉及与陌生人打招呼的情况,就又有人要跳出来不依不饶:

"没有什么令人信服的理由可以说明,一位男子应该向一位骑着自行车路过的陌生女子脱帽致意,就像他无须向一位骑车、开车或步行路过的陌生男子脱帽致意一样。优良的礼仪规则并不会因时因势而改变。"

如果两个骑自行车的人互相认识,那情况自然会完全不同。当一对夫妇一起骑自行车时,女性总是获得优先权,可以骑在前面,但这会使二人之间的沟通变得困难。《明尼阿波利斯论坛报》对女士们提出了进一步的要求："骑车时要佩戴手套，不要戴颜色艳丽的帽子，不要在周日下午在没有绅士陪同的情况下骑双人自行车"——陌生男子可能会对这条建议感到不快。对礼节的关注还引发了意想不到的后续：一份纽约的报纸讨论了"寡妇骑自行车"的问题。事实上，在服丧期间是不可以骑自行车的。不过现在有一家公司为顾客提供了一款外观上没有任何镍金属光泽的黑色自行车，这不失为服丧期间一种相对得体的选择。

严格来说，年轻女子只有在比她年长的女伴陪同下才能骑车外出，但这一规定并没有持续多久，正如一家报纸在1896年所写的那样：

"为了满足新时代的要求，新的社会法度开始生效。那些曾几何时只允许女儿在有年长女伴陪同下和年轻男子一同去剧院的父母，现在允许女儿单独和年轻男子去骑自行车。大家都认为这是完全正确的做法。"

这种态度转变的原因在于自行车手之间的良好友谊。同行的自行车手会在路上相互照应，因此每次骑行实际上都处于监督之下。鉴于未婚妇女已被允许在没有伴护的情况下骑马，自行车作为一种更加经济、方便的选择，顺理成章地从骑马那里继承来了这种自由。

另一家美国报纸甚至观察到，年轻女性的婚姻前景因骑自行车而得到改善。比起自己的母亲，自行车是一个更好的媒人。斯坦福的一位市议员反对自行车照明，因为它侵犯了正处于热恋中的年轻人的隐私。在解决了棘手的座位分配问题后，人们相信双人自行车能够奇迹般地使一对男女走进婚姻。一般来说，人们认为女士应该坐在前面，这样可以自由地欣赏风景，而不是只能盯着男伴的宽阔背影。不过这种做法也有缺点：多数人不信任女人在行驶过程中的掌舵能力，况且坐在前面的男人也可以为女伴挡风。双人自行车制造商通过直接在出厂时就将女士用的车架置于前部，最终结束了这一争论。

一些实例可以证明，对于年轻的情侣来说，骑自行车是可以逃避父母之命并结成婚姻的有效手段。在新泽西州，有两个年轻人趁着被人追上之前赶到了一个牧师那里，并完成了婚礼。另有一对新婚夫妇给各自的父母发电报，说他们要骑着自行车去度蜜月；如果他们的自行车能保持完好，他们就会在旅途结束后回家。在纽约州，一位农民的女儿骑着父亲送给她的双人自行车逃出了家——她的母亲本不同意孩子他爹送女儿这么一件礼物，因为她担心这会把女儿宠坏。也有已婚人士借助自行车来离家出走的。同是在纽约州，一位中年农民给他22岁的妻子新买了一辆自行车，但是这个不忠的女人穿上灯笼裤,和一个比她丈夫还要大的寄宿客人骑车私奔了。有时自行车也会成为离婚的导火索。底特律的一位妻子打电话求助一名律师,希望后者能帮助她摆脱已经支离破碎的家庭幻想。故事始于她和她的丈夫买了一辆双人自行车。起初,她非常欣喜,因为她把购置双人自行车理解为丈夫想要与她更加亲密。但丈夫后来的态度与先前大相径庭,表现出她以前从未感受过的固执。他们在所有重要的事情上都存在分歧,比如要骑车去哪里,应该何时启程,以及采取什么样的交通方式。她受够了,要求立即离婚。比起放弃与那辆双人自行车有关的执念,她倒宁愿与自己的丈夫彻底决裂。

自行车对服饰的影响

传统的习俗和礼节不允许德国妇女立即脱去"正常"的服饰并换上长裤。但迫于技术原因,长裙现在不得不让位于各种各样的女性自行车服装:

"隐形开叉裙、灯笼裤和紧身骑行裤,如今市面上存在着各式各样的女性自行车服装。英美两国在引进低轮自行车之前至少在心理上已经做好了准备,更不用说在法国了——那里的男性服饰在某些女性圈子里早就有了一定的群众基础,这促使女性自行车服装迅速得到了普遍接受。"

这类新服装的前身出现在1851年的美国——"灯笼裤套装"(Bloomerkostüm),那时巴黎的曲柄自行车还没有普及开来。由禁酒运动支持者利比·米勒(Libby Miller)发明,但是以另一位禁酒运动倡导者艾蜜莉亚·布卢默(Amelia Bloomer)命名,她在自己办的报纸上大力宣传了这种服装——收紧在脚踝处的蓬松长裤配上上身的短夹克。在公共场合穿这种衣服会遭受嘲笑乃至辱骂,它因此在1859年曾一度绝迹;多年以后,人们为了骑自行车时的便利而将它重新发掘出来,并加以改造和利用。更为成功的要数英国于19世纪70年代在内衣领域努力推广的"理性衣着"(rational dress),德国生活方式改革运动中耶格尔式的"正常衣着"也正符合这一趋势。据阿玛莉亚·罗特尔说:

"当时出现的主要有两种新式服装:一种是'炸鱼短裙',另一种是经过改良的叙利亚衬裙(它并不属于内衣),现在一般称之为波士顿理性裙(Rational Boston Dress),这种裙子的底部仿照东方妇女的服饰,采用了半袋状、半裤状的收束。这种风格的设计初衷是兼顾美观与健康,最主要的还是因为它能给予穿着者更大的运动自由。"

款式辨析：

·裙装：裙摆垂下时不及脚踝；

·混搭套装，即由裙装和裤装组合而成：

开叉裙或裙裤（为骑男式自行车的女性而设计），

额外补充前部的开叉裙（为女式自行车而设计）；

·裤装：灯笼裤和束膝灯笼裤。

在1900年的德国，裙装是最为常见的女性自行车服装，即稍稍裁短的长裙，穿着它只能骑女式自行车。在法国，穿上后可以通吃男式和女式自行车的裤装成为主流。绑在膝盖下方的束膝灯笼裤不像收束在脚踝处的灯笼裤显得那样宽大。"束膝灯笼裤"（Knickerbockers）原本是纽约人的绰号，他们来自荷兰的祖先正是穿着与束膝灯笼裤形状十分相似的宽大马裤抵达新阿姆斯特丹的。这一绰号的形成还要追溯到作家华盛顿·欧文的笔名——他曾以迪德里希·尼克伯克（Diedrich Knickerbocker）的笔名写下了发生在纽约的故事。

作为一座大都会，纽约的许多家报纸都报道了与新衣着有关的奇闻逸事。一位来自新泽西的蒸汽拖船船长与他的妻子在一家港口酒吧里喝啤酒，那妇人穿着长裤而非长裙。她随后因举止不当而被逮捕，她告诉法官，自己偏喜欢穿长裤，她在公共场合穿什么样的衣服不关任何人的事。报纸没有继续跟进此案的最终结果。

在这个风起云涌的时代，有不少女教师挺身而出，成为自行车运动的先锋，不过也更容易因此陷入与上级的冲突之中。在芝加哥的洪堡学校（Humboldt School），一位名叫吉达·斯蒂芬森（Gyda Stephenson）的女教师身着灯笼裤出现在校园。她每天骑自行车去学校上班，认为在上课时自然也可以穿灯笼裤，没有什么不妥。这引发了一场激烈的辩论，一些同事抨击她把灯笼裤穿到课堂上是不合适的，还有一些同事则认为女性穿这种裤装在任何情况下都是不合适的。不过据报道，大多数教师赞成斯蒂芬森小姐的看法。后者澄清说，她没有参加任何特定的服饰改革运动，穿灯笼裤只是因为它是自行车手最实用的装束。她还说，自己在教室里穿什么样的衣服与学校管理者无关。她的校长对此并不认同，但说自己钦佩这位女教师的勇气和独立思想，他很高兴能看到一个女人在追求健康和舒适方面完全依靠自己的判断力来行事。一位学校董事会成员甚至告诉记者，除了服装明显"有违道德"的情况外，行政部门无权在衣着问题上对校内人员发号施令，而穿灯笼裤在他看来并不属于"有违道德"的情形。

但两周后在长岛的法拉盛,像斯蒂芬森小姐那样的全面胜利却没有能够再次上演。当地的学校管理部门禁止来自院点学校(College Point School)的三名女教师骑自行车来校上班。这三名教师就此提出抗议,但学校的校长(也是一位女士)称自己将贯彻执行这一命令,因为她对禁令不持反对意见。学校管理部门的一位莱默博士在报纸上发表了一篇歇斯底里的文章,并披露了禁止女教师骑自行车去学校上班的真正原因:

"让妇女骑自行车本身就是不对的,她们天生该穿裙子。如果我们现在不阻止她们,她们就会想要参照纽约妇女的方式来骑自行车、穿灯笼裤。要真到了那时候,女教师们穿着灯笼裤在男女生中间走来走去,我们的课堂还成何体统。灯笼裤都穿了,那其他的男式长裤是不是也要给她们试试?我担心事态会发展到这一步,但我们决心在女教师们迈出那一步之前及时阻止她们。"

德国也发生过一则关于女教师与自行车的故事,一份名为《自行车运动》(*Radsport*)的报纸在战后讲述了这个故事:

"1895年,奥斯纳布吕克的一位德国教师从英国给自己带回了一辆自行车……它没有配备倒轮闸,但装有结实耐用的刹车,并为此花费了总计350金马克的一笔小钱……但是，当她骑着自行车穿过家乡的街道时，她勇敢地向前更进一步，这么做也许是太过分了……：她脱下所有的衬裙和套裙，然后优雅地换上了宽大的长裤，但这种行为显然无法得到路人的欢迎。女士们尤其感到震惊，纷纷走出家门前来围观。这位富有勇气的女教师后来被调到特里尔（偏偏是天主教城市特里尔），在那里，当这位来自奥斯纳布吕克的女士穿着宽大长裤在尼格拉城门前转悠时，不仅学校督导员惊恐地举起双手背在脑后，而且有路人向她投掷石头。"

然而，人们并不清楚这是否就是这位女教师后来迁居巴黎和南非的原因，其中也有可能牵涉到其他的个人因素。

在两个性别群体的眼中，女性气质的丧失都构成了一种威胁，因为穿裤子的女人开始模仿男人。阿玛莉亚·罗特尔反驳了这种观点：

"女人和男人一样都长了两条腿。女人双腿的功能也和男人的双腿并无二致——尤其是在骑自行车的时候，所以女人真的应该好好琢磨一下如何让自己下身的衣着更加具有实用性，即给每条腿提供各自的裤腿，而不是把它们都放在一起。毕竟也从没有人想过要把两只手臂放在一个袖子里。这打破了习俗。说得没错！但为什么女人穿长裤不能在将来成为习俗的一部分呢？"

她在自行车旅行途中穿着宽大的束膝灯笼裤，但也会带上一条裙子，等到酒店时迅速地完成换装，以便在不骑自行车时能够像个正常人一样出现在众人眼前。耶格尔倡导的羊毛在内衣上再一次派上了用场，在那里——在一个鲜为人见的领域——一场更加彻底的革新正在上演：

"头一样绝对要丢弃的东西是紧身胸衣。骑自行车时需要进行高频次的深呼吸，这只有在胸腔充分扩张的情况下才能实现。可怜的胸廓被卡在如钢铁般坚硬的紧身胸衣中，怎么可能充分扩张呢？这是一个不争的事实：所有明智的妇女，无论她是否骑自行车，都一致谴责这种地狱般的酷刑工具……一个人只有在上半身完全不受约束的情况下感觉最自在、最舒适。对我个人来说，完全不受约束地骑车和戴着胸罩（无论是多么宽松的款式）骑车时的表现存在明显的差异。"

胸罩的创新可以追溯到那个年代，因此，它像手表和可口可乐一样，可以算作在自行车热潮中乘势兴起的领域之一。女性裤装（即便是在德意志帝国也还有人胆敢尝试）似乎并没能在20世纪初幸存下来。《自行车通用手册》的作者是一位男性，他当时曾写道："诚然，灯笼裤本可以归为所有自行车服装中最为理想的一类，但终究未能流行起来，而后又彻底消失了"——就像开叉裙那样。于是人们穿上了简约而相对宽大、同时能够露出脚踝的裙子，裙子后部的中间折出一对深深的褶子。传统和女士自行车笑到了最后。

教会与自行车

"这些使用充气轮胎的自行车是黑暗恶魔手中凶邪的工具。它们是魔鬼的发明，用来捉住疏忽大意者的双足，好将头脑简单者剥皮抽筋。它们本质上不过是谎言和欺骗。自以为得势的人，妄想已经征服了撒旦的野性——看啊，恶魔把他扔到街上，在他的裤子上撕开一个破洞。当自行车轮磨损殆尽时，那景象惨不忍睹，因为最后它会像一匹驽马般蹒跚，像雷鸣一样给人带来苦楚。谁的膝盖破了？谁的鼻子在流血？谁的裤子撕裂了？是那些骑着自行车到处晃悠的人！"

1896年的一个礼拜日，在美国巴尔的摩，一位布道坛上的传教士如是咆哮着。19世纪末的教会上层人士其实已经知晓，时代的大潮将去向何方。自行车形成了对宗教中最为神圣的制度——星期日去教堂做礼拜——的第一次冲击。在星期日不参加礼拜几乎是不可能被允许的，特别是在盎格鲁-撒克逊国家。当天上午是为去教堂而预留的，午饭后大家都百无聊赖地围坐在一起，孩子们不允许大声玩耍，甚至成年人也只能进行沉思、冥想一类的活动。随后低轮车问世，那些买得起自行车的人便在周日利用它来逃避并不喜欢的团体活动。

不出所料，各大教会对这一现象反应不一，不同教区之间也态度各异。一家纽约的报纸写道："很明显，教会中的年轻会众正在流失，而通过唤醒他们的基督教责任感以使他们归来的努力却被置若罔闻"——年轻人根本不顾教会以永久的诅咒相威胁。这样的疾呼在一代人之后的汽车热潮中还将再次出现。纽黑文的一位教会人士勾勒出一张可怕的画面：一望无际的自行车手排成长龙，他们都没有刹车，无助地"滑下山去，最后来到了一个没有泥泞道路的地方——因为那里的温度可高极了"。另一位教士也向所有在礼拜日骑自行车的人发出要下地狱的威吓。芝加哥一个浸信会教堂的信众委员会批评了一位牧师，因为后者自己在差旅期间就骑着自行车。他没有反抗，而是选择辞职，尽管不少年轻人都站在他这边。同样是在芝加哥，一位牧师强调，礼拜日的自行车集会、游行或比赛"毒害了美国文明的命脉"。

但是，随着越来越多的美国人购买自行车，教会以及教会中的德高望重者逐渐失去了话语权——至少在城市里是这样的。浸信会被罢免的牧师迎来了继任者，那人如今宣扬自行车在精神和道德层面都算得上是一件好的事物。他允许骑自行车的人在教堂的地下室对车辆进行简单的修理，这在当时引起了轰动。他还允许会众在星期日骑自行车，称虽然骑车减少了礼拜的出席率，但它使人们通过接触自然风光与上帝进行更近距离的对话，而不是仅仅呆坐家中。不过，他也会谴责飙车族，并预测说：

"当问题涉及教会与自行车之间的矛盾时，不需要具备预言家般的慧眼就能看出到底哪一方会在漫长时间过后获得人心。芝加哥万圣教会（All-Saints-Kirche）准备通过转型成为'自行车教会'来力图避免这种冲突。"

因此那位牧师邀请人们在礼拜日骑车去教堂，甚至安排专人为他们看管自行车。

与城市里那些软弱的同行不同，小镇上或乡村里的教士们奋起反击。新泽西州某地的卫理公会以微弱多数投票决定将礼拜日骑自行车的人逐出教会。然而，在表决中失利的那少部分人宣布，他们不会认可这一决议。肯塔基州的邓卡德虔敬派（Dunkard-Pietist）以压倒性的优势票数将所有镶金牙或在礼拜日骑自行车的成员逐出教会——具有讽刺意味的是，这两重罪状之间几乎没有可比性。在俄亥俄州，1895年一个夏日礼拜天的早晨，艾达·科尔曼（Ada Coleman）小姐来到梅森镇卫理公会教堂的圣殿，作为管风琴演奏者为礼拜仪式进行演奏——然而她当时穿着火红的灯笼裤。令人意外的是，她的牧师拒绝将她逐出教会，尽管妇女援助协会对此怒不可遏，《芝加哥论坛报》（*Chicago Tribune*）极为严肃地地评论道，"自行车已经引发了十分可怕的后果"。他们希望，卫理公会无论如何应当遵守惯例和传统，立场鲜明地反对这种玷辱庄严的穿着打扮。

美国人因教会在文化冲突中遭到削弱而产生出的激烈情绪，在德国民间似乎难寻踪迹——即便有，也根本无法企及像美国那样的激烈程度。作家贝尔茨对此进行了翔实的描述：

"在厌倦了教会的德国，情况则完全不同。如果年轻人在礼拜日骑自行车去户外，这不会被认为对教会造成了严重的损失，而对那些虔诚的、因人们在礼拜日骑车而痛心的美国布道士们，德国人只抱有适度的同情。施奈德温（Schneidewin）在《古典人性》（*Die antike Humanität*）一书中谈到那些在礼拜日骑自行车或划船的人时,说那些人'对他人心目中的神圣漠不关心,并将这种怠慢神明的心理强加给仍在坚持前往教堂的信徒',这番话读来有些奇怪,给人造成的印象反而是,他想把对他来说神圣的事物强加给别人。这可不是合乎人道的宽容,而是来自教会的苛求。当一个骑着自行车的人停在一个风景优美的地方,享受节日中的宁静,顿感耳聪目明,再深吸一口气,感受到与万化冥合的愉悦,那时他会比身处讲坛下的信众更接近修道的至高境界。况且耶稣基督本人大概并不知道什么是教会。"

在德国,自行车问题当然也有激化的苗头,然而在这发生之前,盎格鲁-撒克逊国家的教士们对自行车的态度已经发生了彻底的转变:

"在英国和美国,停放自行车的场所与教堂相连,教会对此并无不满,反而乐于见到自行车手穿着运动服去教堂做礼拜。"

德国男人也受到衣着问题的困扰,因为在德国的一家法院看来,穿束膝裤是对人自身尊严的侮辱,如此穿衣者会被处以罚款。从1894年起,英国的旅馆一律拒绝为穿骑行服的女性游客提供服务。五年后,55岁的哈伯顿夫人(Lady Haberton)的著名案件甚至要在法庭上决出结果。哈伯顿夫人是理性衣着协会的主席,位于奥克汉姆的双簧管酒店的女主人拒绝在餐厅里招待她，因为她当时穿着灯笼裤，于是只能在臭烘烘的工人酒馆里就餐。酒店的女主人随后向法官们呈递了一张照片，画面显示工人酒馆被专门用鲜花装饰了起来。法官最终裁定来自伦敦的女富翁哈伯顿夫人败诉。

德国的教会更加关心社会公平问题、农村人口流失以及城市工人的生活疾苦："我可以告诉你，在我看来，社会公平问题已经得到了解决……人民大众的未来就系于自行车上了！"据报道，帝国议会议员德尔布吕克（Delbrück）教授在于基尔举行的第十届新教 – 社会公平大会的开幕晚会上如是说，他随后还补充道："给年轻人一辆自行车吧，这样他们很快就会对社会民主党人的集会失去兴趣了。"不过这办法似乎并不奏效，因为工人自行车协会"团结社"（Solidarität）在20世纪发展成为一家拥有30万成员（截至1925年）的协会，在奥芬巴赫有自己的工厂和经销商，业务范围覆盖自行车、零部件以及运动服装。

医学与自行车

在德国医学界，一场反对自行车运动的广泛讨论已然展开。早在 1890 年，自行车书籍作家威廉·沃尔夫就曾发出这样的指责：

"就自行车运动的各个方面而言，关于健康问题的意见分歧最为突出——分歧不仅来自不具备专业背景的门外汉，而且存在于医生群体中……尤其是那些过度焦虑的医生会从自行车运动中推导出一切可能的弊端；有些人声称骑自行车是不健康的，因为它使脊柱神经过度疲劳，另一些人则担心自行车骑手出现心脏扩张的症状以及由此引发的一系列恶果；还有人已经将参与自行车运动的年轻人们视作肺结核的潜在患者。"

德国自行车手联合会因此邀请了八位医学专家（其中包括世界著名的柏林细菌学家罗伯特·科赫，Robert Koch）参加 1891 年在德累斯顿召开的全国代表大会，这些专家在会上解释了自行车运动的无害性。他们的发言被编入了大会的纪念文集，其中罗伯特·科赫写道：

"我不同意从卫生学（即健康）角度对自行车运动提出的反对意见，相反，我认为骑自行车以及所有与之类似的运动，从卫生学的视角来看都是颇有益处的，并且希望这项运动能尽可能地得到普及。"

此外，患有肺疾的剧作家格哈特·豪普特曼（Gerhart Hauptmann）在 1887 年的回忆中也只记录了自行车给自己带来的益处：

"在科茨申布罗达时，我的肺病突然发作，那时我的确以为一场严重的危机已然到来。不过自那以后，情况就开始朝着积极的方向变化。正如我当时所相信的，这是运动疗法起了作用。那个时候还是高轮车时代，但是市面上已经有了低轮车和三轮车。我得到一辆三轮车，每天都坚持骑行，活动的范围也跟着扩大。随着时间推移，我感到自己更开朗、更强壮、同时也更有抵抗力。"

在美国，关于自行车带来健康风险的讨论开始得更早。譬如"自行车步态"——这个概念由一位纽约的医生提出，他将这种步态描述为双脚在地面上模仿蹬踩自行车脚踏的行走姿势。患者不会将脚向前摆动，而只是沿着圆周运动的轨迹将脚抬离地面。据他说，在专业赛车手群体中可以发现自行车步态的症状，证据是他们通过转动肩膀和头部来辅助行走，就像在短跑比赛中一样。较之更为严重的是一种被称为"自行车心脏"的病症。坡道爬升、逆风骑行以及筋疲力尽造成的身体超负荷运行会损害心脏，许多职业车手都无法幸免。但很快就传来反对的声音，认为所谓"自行车心脏"无非是长久以来众所周知的"运动员心脏"。

从英国传来了"自行车驼背"的说法，这是一种

"后背弯曲,此前在 14 岁以下的男孩中间从未有过的病例,可现在的发病率较之前而言有所升高"。这一诊断结果被归结于飙车——疾驰者试图将道路上其他所有骑手甩在身后。另一个消息源将这种驼背症状描述为,使骑车的年轻人看起来像是得了胃痉挛或特别想嗅自行车前轮胎上的橡胶——读来不过是对飙车党略显夸张的讽刺。波普创办的娱乐性杂志《骑车去旅行》告诫说:"这些无知的年轻人怎么就没有意识到他们引人哄笑的滑稽体态呢?"这种自行车驼背引发的后果是可怖的:据报道,艾奥瓦州的一对年轻夫妇此前常年蜷缩在自行车龙头上,最终生下一个小孩,他的体态就像一张拉满弦的弓一样弯曲。尽管如此,旧金山的一位医学教授还是告诉他的学生,自行车驼背只是人们的一种错觉。没有十足的证据可以表明有哪一例驼背是骑自行车导致的。

"自行车手掌"同样被认为是骑行者需要经受的疾苦。据说患者会突然发现自己的手掌无法再握住任何东西,尤其是左手,而且这种状况有一定概率会一直持续下去。人们对此唯一能做的,就是在出现一丝双手麻木的迹象时赶紧调整车把手。一个技术上的解决方案是使用充气的车把手,据称其上的气垫可以舒缓手部神经的压力。

医生们还遇到了所谓的"自行车手腕",其症状为手腕疼痛或肿胀。没有配备飞轮的自行车必须通过反向蹬踩脚踏来进行刹车，完成这一动作需要双手向上提拉车把。不仅如此，自行车手易得的病症清单变得越来越长。"自行车牙龈"这种病症据说是由无节制的自行车运动引起的。一个人骑得越快、越远，就越是要使劲吸入空气，外界的冷空气拂过骑手发热的牙龈，就会导致淤血。这容易造成牙齿松动，甚至可能完全脱落。此外还有"自行车眼"，这类病症的形成是由于眼睛下方的肌肉无力。骑车时，一旦头部偏斜，眼睛就会一直往上看，以保持视线水平。短时间后，部分眼部肌肉（在解剖学上被称为"直肌"）将会透支，从而引起疼痛。

事实上只有"自行车脸"在较长的一段时间内得到了认真看待。一份报纸梳理出了该病的三种症状：第一，"眼睛睁得很大，眼神充满期待"；第二，嘴部紧绷的线条；第三，所有的面部特征向中心集聚，可以说是某种五官的内爆。一位来自纽约的记者曾亲临美国自行车手联盟在新泽西州举行的比赛，他发现自己目光所及之处全都是这种"自行车脸"。他把见到的那些下颚突出、脖子向后弯曲的自行车手比作静候猎物上钩的鱼鹰。但他补充道，与整天都要躲避疾驰者的行人的那种疲惫表情相比，自行车手脸上紧张的神情反倒显得更加积极。最

后,波士顿的一家报纸在1896年发出了警报解除的信号:

"自行车手们眼中的神情变得柔和起来,曾经扭曲的五官重新回到周正的模样。下巴缩回到了鼻子下方的合适位置,而不是像船首斜桅一样向前突出。今天在林荫道上成群结队的车手中,甚至只有不到十分之一的人具有去年在每个人脸上都看得出的快然不悦与扭曲五官。"

在1896年的德意志帝国,与新艺术运动中的"德国青年风格"(Jugendstil)同名的、自认为具有进步性的杂志《青年》(*Jugend*)从美学角度进行论证,对新女性发起了抨击:

"你可曾见过比一个双颊泛红、双眼灰蒙、骑着自行车气喘吁吁、横冲直撞的娘们更丑陋、更卑鄙的东西吗?反正我是没有!这幅模样的女人不仅蹬着脚踏,同时还践踏了最原初的美学基本法则!呸,见鬼去吧!说这话时我已经对她们够尊重的了。这种骑在自行车上的泼妇,身上还能找出一丝的美感吗?是弓驼的背部,抑或是朝着后轮突出的宽大而撩人的屁股?女性身体最大的吸引力来自线条的柔和流动,那才是令人愉悦的曲线!可是自行车运动使我们的女性变得干瘦、嶙峋,从外表到内心都毫无女人味可言。博纳文图拉·杰内利

（Bonaventura Genelli）可曾画过一个女自行车手吗？当然没有！……下车来吧，全体的女性，否则你就要丧失被视为美的权利！"

这位张口乱喷的作者绝不可能是医生，甚至不会是在同一本杂志中出现的作者"医学博士瓦姆维克勒"（这肯定是个笔名），后者认为女自行车手将发展成为"彻底不孕不育的女性"："我根据自己50年来的实践经验宣布，过去两年在女性群体中出现的自行车狂热无异于一场大规模的自杀。"其观点可以总结为：妇女不应该骑自行车，而是应该生孩子——如果这一观点本身不是在暗暗反讽的话。越来越多的医生卷入了这场激烈的辩论，其中一些人有颇多著述，曾深入研究"骑行自慰"的可能性："如果那些妇女想要，那几乎没有什么能比骑自行车为她们提供更好的机会，可以经常进行隐蔽的自慰。"不过根据另一位医生的说法，这种事应该"只有那些自身道德感早已经堕落到无以复加的地步的妇女才会做"。只有来自波恩的教授保罗·席菲尔德克（Paul Schiefferdecker）在1901年对这场医学界的争论做了理性而公正的总结，尽管最近的文献出于误解，一概将他算作妇女敌视者的一员。

针对这一问题，阿玛莉亚·罗特尔也说了些公道话：

"我建议人们在骑车问题上,只能向本身也骑自行车的医生咨询医疗建议。即使是最为神秘的医务顾问,即使他浑身上下闪耀着医学智慧的光芒,只有在他自己也骑自行车的情况下才能评判这项运动及其对人产生的影响。不骑自行车的医生(顺便说一句,这极有可能成为一个濒临灭绝的群体)放出五花八门的论调,全都无法令人信服。不久前,我们柏林最伟大的权威之一(指门德尔松)把骑自行车和爬楼梯相提并论。所以说:只有那些健康状况允许的人才可以骑自行车。这就是唯一的门槛,仅此而已。我不知道还有什么其他因素可以阻止人们骑自行车。"

随着越来越多的妇女骑上自行车,关于健康的常识也传播开来,以至于连维也纳时尚杂志女编辑编写的手册都就健康问题发表了看法:

"最重要的是,骑自行车已经成为了对付本世纪恶魔的最有效药物——即用以应对像流行病一样蔓延的不安情绪。一个骑着自行车的女人……不仅能强身健体,而且能洗刷精神、提振情绪、舒缓紧绷的神经。一种弥足珍贵的幸福感从她内心油然而生,使她能够更从容地忍受那些令人困扰、讨厌的事——无论是来自职场还是家中。倘若一位女士患有臆想症或是脾气不好,那么实践证明了自行车运动对她来说就是再合适不过的良药。不久后，从前那位饱受'厌世情绪'折磨的女士摇身一变，成了一名开朗的自行车手，她曾经阴郁的面容现在绽放出光泽。"

现在，没有什么事情是妇女不敢去做的。美国女记者安妮·科普乔夫斯基（Anne Kopchovsky）将三个小孩留给了丈夫，改名安妮·伦敦德里（Annie Londonderry），并于1894年带着一辆自行车和一把镶着珍珠的左轮手枪，在伦敦德里牌矿泉水的赞助下开始了环球旅行。旅途中，她主要在当地自行车手的陪同下骑行，也常乘坐一小段火车或在必要时搭乘轮船，旅行最终在15个月内收官。遗憾的是，她并没有为这趟旅程写一本书，或者其实写了，但已经遗失不存。德裔美国人弗兰克·伦茨（Frank Lenz）是她的前辈，一个同样试图骑自行车环游世界的男自行车手，后来在库尔德斯坦丧命。

自行车为女性带来了什么？格奥尔格·赫尔曼·博尔夏特（Georg Hermann Borchardt），笔名"格奥尔格·赫尔曼"，是一位当时拥有众多读者的作家，他在1901年这样总结道：

"正是由于自行车的存在，我们的女性才有了如今在公共场合更为自由的地位。自行车把年轻的女佣们从女红中和灶台前面解放出来,指引她们和兄弟或男性朋友一起到户外去;它把我们的女孩从母亲和阿姨一刻不离的监督中解救出来,教会她们如何独立处事。因此,我们的女性应该为自行车树立一座纪念碑,因为它把如此多陈旧的、僵滞的、压抑的偏见,那么多只有老天知道为什么不适合女性的东西,从腐蠹的宝座上推翻,让年轻女孩有机会在家宅之外自由活动,从而也为女性自由的职业选择铺平了道路。"

1895年的一期《明尼阿波利斯论坛报》上,一个名叫安·斯特朗(Ann Strong)的女人发表了更加坚决的观点:

"我不明白为什么有人说,一辆自行车在两年后就无法像大多数丈夫一样仍可以作为良好的伴侣……说到健康,我相信很多老姑娘会欢迎自行车的到来,因为它被当作某些医生所开处方的宝贵替代品:'要是你结过婚,有一个家庭要照料,你肯定就能保持健康!'在这方面,有人甚至会将自行车的作用与一个家庭相提并论。骑手可以在晚上清洁自行车,它永远不会在最后一分钟甩走自己的鞋子,或者将糖浆弄得浑身都是。什么时候出发,完全取决于骑手自己是否已经做好准备。不会有小手肘伸过来挠你的肋骨,没有牢骚埋怨,更不会在电车或糖果店跟前大声叫嚷。你只需安静地滑行,既稳又快。愉快的心情和强大的神经与略带危险的刺激感产生化学反应,时刻严密观察四周情况的同时,对冒险的憧憬在胸中激荡。所以就健康问题而言,婚姻和自行车运动之间压根没有可比性。自行车的另一巨大优势是,你可以随时摆脱它。你可以把它推进屋里,放在一个角落,然后它就乖乖待在那里。它既不会紧跟着你,也不会在你最不方便的时候不断乞求照顾。如果有一天它变得老旧残破,你可以把它扔掉,再换一个新的——换辆自行车可不会惊动整个社区。"

*20*世纪

第一次世界大战前

在德意志帝国,自行车自1900年以来变得人人都能买得起,于是逐渐失去了原本的地位,一个明显的迹象是:上个世纪重达几公斤的自行车书籍到如今变成只有一百来克重、小如烟盒的《自行车通用手册》了。鉴于其他领域已经陆续发生了令人叹为观止的技术进步,自行车即将成为一件稀松平常的日常用品,几乎就和开罐器无异。谁还会为了一个开罐器去参加俱乐部或买一本与之有关的书呢?在新世纪,男人们渴望拥有一辆摩托车,因为如今掌控摩托车构成了一项更令人兴奋的挑战。三轮或四轮的小型汽车则更为拉风,当然也更昂贵。从前的自行车先锋们望风而动,旗帜鲜明地转投了汽油党。自行车报纸如今需要进行调整适应,在其标题中加入了"汽车"。例如，在曼海姆出版的《自行车旅行者》（*Radtourist*）先是多了一本名为《汽车族》（*Der Automobilist*）的副刊，之后又迎来了《自行车旅行者与汽车族》（*Der Radtourist und der Automobilist*）的全新标题。

不过在这一时期，自行车技术也得到了重要改进。当时，曲柄脚踏是通过链条与后轮固定联动的。如果你推着自行车走，曲柄脚踏将不可避免地随轮胎一同转动。那时的骑手不可能像今天这样站在一侧低矮的脚踏上完成起步——因为只要脚踏不动，就意味着自行车会停在原地。因此，骑手在起步时必须借一个踏板来垫一步——踏板可以说是自行车后轴向左延伸出来的部分——坐上座椅，然后双脚对上正在转动的脚踏。女士自行车的踏板在前轮的右侧，这样女士可以穿着长裙上车。如果想在双腿保持不动的情况下让自行车向前滑行，就必须把双脚放在前叉两侧的踏板上，但并不是每辆自行车都有这一对踏板。这种脚踏与车轮之间的固定联动使骑手有一种自身同道路紧密相连的感觉，还可以用脚施加反向作用力来减缓曲柄脚踏的旋转。因此，市面上的自行车在很长一段时间内都是没有刹车的。而在另一种情况下，即骑车下坡时，自行车必须配有单独的刹车，即前轮上的碟式刹车或前后轮都有的鼓式刹车；后者是由伦敦的一位爱尔兰记者欧内斯特·M. 鲍登（Ernest M. Bowden）制造的（他在德意志帝国凭借自己编写的《佛陀的后继者》一书而闻名，该书曾被翻译成德语）。格外勇敢的自行车手在行至空旷无人的下坡路段时，会把双腿架在车把上。但当车辆处于高速行驶状态时，骑手根本没法使双脚回到旋转的脚踏上。为了在必要时完成紧急制动（譬如此时自行车链条已经断裂），人们只能伸脚用鞋抵住前轮胎，以此产生磨擦作用。值得一提的是，鲍登还发明了一种以他名字命名的"鲍登钢丝绳"，装在柔软但不可压缩的护套中，至今仍用于自行车的刹车和变速装置。

随着充气轮胎自行车在19世纪90年代中期出现，人们希望进一步改善骑行体验，不必在车辆行驶途中一直踩动脚踏。因此，在盎格鲁-撒克逊国家，自行车后轮的花鼓上安装了飞轮。于是人们可以舍弃各式各样的踏板，单脚轻松地站在低侧的脚踏上起步上车——如今人们上车时仍在沿用这种方法。在很长一段时间里，自行车手可以在骑行过程中选择锁定飞轮，以便在需要时可以重温从前的自行车骑法。不过自从配备了飞轮以后，自行车就必须安装刹车，因为骑手无法再通过反向蹬踩脚踏来进行刹车了。那么刹车能否藏于后轮花鼓中,用人们熟悉的反向踩动脚踏来进行刹车呢?这种与飞轮兼容的倒轮闸在1898年被成功研发,美国的新出发(New Departure)公司在此基础上对产品加以改进,并一直生产此类刹车直至20世纪70年代。美国走在了前面,而当施韦因富特的滚珠轴承生产商"费希特尔&萨克斯"(Fichtel & Sachs)于1903年根据约翰·莫德勒(Johann Modler)的设计推出自己的"飞轮-倒轮闸"时,它在一定期限内向美国支付了300万帝国马克的专利使用许可费。倒刹花鼓以被誉为帝国U型潜艇超级武器的"鱼雷"(Torpedo)命名(政府曾用从起泡酒行业征收的税款来为该武器进行交叉补贴)。这项专利被"费希特尔&萨克斯"公司霸道地据为己有,发明家莫德勒要求获得公司2%股份却遭到拒绝。他因此选择出走,并在阿沙芬堡创办了一家一直存续至今的机械工厂。实践证明,"鱼雷花鼓"在市场上同样堪称"超级武器",截止到1977年停产之时,它的产量共计约8500万件。它与其他厂商的竞争产品一同在德语国家以及荷兰塑造了一种"倒轮闸文化",而英国、英联邦以及一些南欧国家的人们则骑着没有倒轮闸的飞轮自行车。投资者弗兰克·鲍登(他曾使兰令自行车在市场上大放异彩,与自行车鼓刹的发明者欧内斯特·M. 鲍登并非亲戚）道出了这样的箴言："正如我认识的每位自行车手一样，我自己更喜欢有两个手刹的自行车。"上述的地域差异在第二次世界大战后造成了一种文化冲击：当来自法国的留学生在联邦德国试骑寄宿家庭的自行车时，他们像在家里骑飞轮自行车那样以为可以无所谓地反向蹬踩脚踏，结果却猛地栽倒在地上。

在位于里昂西南部的军火和自行车制造之都圣埃蒂安，以号称"自行车信徒"的维洛西奥（Vélocio，又名保罗·德·维维埃）为核心，掀起了一股崇尚山地和长途骑行的运动。此前他曾领导成立了"法国自行车旅行俱乐部"（Touring-Club de France），还出版过杂志《自行车手》（Le Cycliste），呼吁研发自行车变速装置。为此，该俱乐部在1902年组织了一次比赛，德国的内卡苏尔姆自行车工厂也参与其中，展示了一种安装在中轴上的双速传动装置，名为"瓦里安德"（Variand）。不过比赛的获胜者是来自法国的一项独创性设计："反向连接"（le rétro-directe），这个双速系统随后被当地公司"法兰西工厂"（Manufrance）用于"燕子"（Hirondelle）等自行车车型上。自行车后轮处并排装有两个不同大小的飞轮，转动的方向相反。传动链条可以在两个飞轮之间来回切换,较大的飞轮顺时针转动,较小的飞轮则逆时针转动。骑手正常向前踩动脚踏时,驱动的是较大的飞轮,此时较小的飞轮处于闲置状态。相反地,当骑手向后踩动脚踏,链条会带动较小的飞轮,而较大的飞轮此时则不会转动。因此,在向后踩脚踏时,自行车可以行驶得更快。"燕型自行车"已经埋没于历史的尘埃中,但它一直留存在人们共同的记忆中。在战后时期,仅有配备"斯特米-阿彻变速器"(Sturmey-Archer-Schaltungen)且没有倒轮闸的自行车,使世人得以重见男孩们一边疯狂地向后踩着脚踏,一边连人带车向前疾驰的画面——让人感觉仿佛回到了那个已经成为历史的"反向连接时代"。在这种自行车行驶过程中,飞轮发出的咔嗒声也真的会令人无比兴奋。

威廉·雷利(William Reilly)希望将"行星传动装置"(因位于中间的"太阳齿轮"而得名,太阳齿轮与周围的三个小的"行星齿轮"啮合)完全隐藏在后轮花鼓中。他在成功获得自己的第一项专利后,将这种双速花鼓取名为"The Hub"(意即"花鼓"),并从1898年起开始生产。受制于相关合同的规定,他不能为自己的三速花鼓申请专利。所以这项专利被登记在一位叫詹姆斯·阿彻(James Archer)的同事名下。这种三速飞轮花鼓从 1902 年开始由新成立的斯特米 – 阿彻公司（Sturmey-Archer）生产，该公司实际上隶属于兰令公司。隐瞒这一事实是明智的，因为很难指望其他自行车厂商直接从兰令公司购买他们生产所需的变速花鼓——毕竟兰令公司是他们的同行业竞争对手。"费希特尔 & 萨克斯"公司依照漫游者自行车工厂的专利，推出了"双速 – 反向脚踏花鼓"，不久又推出了"三速 – 反向脚踏花鼓"。到了 1912 年，市面上甚至还出现了一种搭载了四变速和倒轮闸的"鱼雷型通用自行车"（Torpedo-Universal）。

与此同时，拨链变速器在法国已经确立了稳固的地位——自行车链条借助一个小型的拨链器（法语为"dérailleur"，字面意思为"脱轨器"）实现在飞轮之间来回切换。法国、意大利和西班牙一直以来都是拨链变速器的大本营，而在美国、英国、荷兰和德国，花鼓变速器则占据上风，主要是因为它带有一个封闭的链条盒，可以护住骑手的衣服。

许多国家都有了自行车赛，但比赛遭受了来自民间自行车运动卫道士的强烈反对，这些人无法理解为什么要刻意将自行车运动原本可以给人带来的舒适转化为压力。这一点在越野赛中尤为凸显，赛事主管官员提前命人重新翻耕了比赛将会经过的田地，以增加赛道的挑战性。自行车旅行家弗里德里希·卡伦贝格（Friedrich Kallenberg）说：

"自行车赛就像一株毒草，蔓延滋长，侵蚀着自行车运动的健康价值以及实用性，其中自行车旅行受害尤其严重。行业刊物登出新近的最短用时纪录，那种严谨细致的劲头倒像是在测算中非的经纬度。自行车工厂的广告抓住这一势头，利用体育新闻抛出无数惊人的数字，浮夸地称赞某些自行车品牌，并竭力渲染对赛车手的崇拜。他们认为自己可以借此机会捧高乃至神化自行车运动。"

贝尔茨以更为务实的眼光看待自行车赛：

"众所周知，著名的赛车手往往患有心脏病，并因此被排除在兵役人群之外。所以我们不愿看到年轻人为了夺取商业化赛事的胜利而牺牲掉自己身体的健全，祖国国防力量建设的希望可是寄托在他们身上啊！"

工人自行车协会"团结社"也对这类赛事进行了抨击，例如该社反对在柏林举行的欧洲大陆上首场"六日赛"：

"不——这种近乎疯狂的愚蠢举动（从中甚至还发展出了所谓'技法'）已经不能再归入运动的范畴了。它是一种游戏——游戏的初衷本是强身健体，让每个人都能学会，都能从中受益，这一基本理念贯穿于每项合理的、保持在人性限度内的运动之中。谁承想它最后竟堕落为拿自己和他人生命开玩笑的罪恶游戏。"

1909年柏林一场耐力赛（这类比赛中自行车手需要紧跟在摩托车后方）上发生的赛道事故致使9名观众丧生，这场灾难恰恰印证了上述的批评。

然而所有的批评之声都无济于事，自行车赛风光不减，并彻底改变了自行车行业。不复壮年之勇的职业赛车手转型成为自行车商人——这份职业此前一直由严肃认真的缝纫机机械师占据，这群人主要还是对技术抱有兴趣。自1900年以来，赛事联合组织国际自行车联盟（UCI）想尽办法将"器材"（即赛车）标准化，以便使选手之间的运动成绩更具有可比性。这种标准化对制造商来说意味着利好，因为他们能够借此使自行车的生产过程更加简单高效。变速器被认为是一种"有损公平的优势"，并遭到禁用。这一扭曲的观点随后被前职业赛车手们带入了自行车销售领域。然而，通勤者们希望得到尽可能多的"有损公平的优势"。不过此时的自行车行业正逐渐变成一个买方市场，生产厂商主要迎合那些最先订购并付款的人，换句话说，就是主要遵循自行车商人的想法。如今，兰令牌带油槽的封闭式链条盒已十分罕见，因为正是这个链条盒使得后轮无法完成迅速拆卸。由此导致的问题是，骑手不得不戴上可笑的裤夹，滑稽情状活似小丑。对此抱怨的人会得到这样的回答：自行车已经发展到了"最终的完美形态"。如此看来，自行车比赛已经无法再催生出任何的进步；与此相反，汽车比赛则不断地进行改革，从而促进了汽车领域的技术创新。

在法国，体育报纸的业界龙头《自行车》(*Le Vélo*)面临着来自后起之秀《汽车–自行车》(*L' Auto-Vélo*)的竞争。经过法院裁决，后者最终只被允许冠名为《汽车》(*L' Auto*)。然而事件的起因具有很强的政治意味：在当局对犹太军官阿尔弗雷德·德雷福斯判处叛国罪的丑闻爆出后，法国上至庙堂、下至江湖，大到国家、小到家庭，全都陷入了分裂。相信这名军官无罪的法国人被称为"德雷福斯派"（Dreyfusards），而《自行车》报的主编刚刚宣布自己的立场与德雷福斯同在。反德雷福斯的工业界人士深感愤怒，德·迪翁-布东伯爵（Graf de Dion-Bouton）和阿道夫·克莱芒（Adolphe Clément）决定创办一份非政治性的新报纸，并让场地自行车手兼赛事运营者亨利·德斯格兰奇（Henry Desgrange）担任主编。

但是，如何才能从竞争对手那里抢走读者和广告商，从而使德雷福斯派的报纸走向灭亡呢？在一次因报纸销量惨淡而召开的危机应对会议上，年轻的记者热奥·勒菲弗雷（Géo Lefèvre）向众人抛出了环法自行车赛的构想，计划于一个月的时间里在法国全境举行分段比赛。在1903年第一届赛事成功举办后，该报的发行量从25000份上涨至65000份。从那以后，《汽车》报的记者们便坐在他们舒适的编辑扶手椅上设计环法自行车赛的路线和难度，有时编辑们挑战性过高的设计会引发赛车手们举行罢工，一同高呼"杀人犯，杀人犯！"从1904年起，德斯格兰奇还在法国组织了名为"奥达克斯"（Audax）的业余长距离自行车赛。

虽然美国军方对自行车大亨波普若干项有关军用自行车的提议不屑一顾，但在欧洲，自行车很早就被开发出了军事用途。意大利、法国和英国是这方面的先行者，其中可以装进背囊随身携带的折叠式自行车只受到了法国的重视。在德国，海因里希·克莱尔在19世纪80年代就已经在普鲁士战争部面前毛遂自荐，并于1887年就收到了第一批车辆以及人员培训的订单。1892年，奥地利骑兵队组织了一次从维也纳到柏林的长途骑行，共有250人参加，目的是展示马匹的优越性。率先抵达者耗费了71小时35分钟，他的坐骑和其他三十匹马一样，在到达后不久就积劳而死，或者更准确地说：士兵们用枪给予了它们安乐死。随后，德国自行车手联合会宣布在1893年进行从维也纳到柏林的长途骑行,以证明自行车的优越性。第一名用了31个小时骑完了583千米的路程——不到马匹用时的一半,而且没有一辆自行车需要被执行安乐死。以上对比一定让德意志帝国固执到最后一刻的批评家和战争部长也就此心服口服。

军用自行车是由各大厂商负责供应的。此时已经出现了专为狙击手打造的方便携带狙击枪的车型。除了巴伐利亚王国因担心爆胎而选择采用实心橡胶轮胎外,所有军用自行车都配备了充气轮胎。橡胶在战争期间是十分紧俏的战略资源,必须有计划地节约使用,因此必须为民用自行车的车轮寻找替代材料,例如用螺旋弹簧加固的轮圈。据估计,在第一次世界大战期间共有25万辆自行车被参战各方在前线投入使用。此外还有专为医护人员设计的车型——两辆自行车并排相连,在两车之间固定着一个担架。为了适应毒气战,自行车的车架口袋里配备了一个微型化验装置,以测试吸入当下场所内的空气是否会对人体造成危害。鉴于自行车行驶过程中发出的声响极小,它有条件成为侦察部队和传令兵的特殊利器。巴伐利亚步兵团中的一位自行车传令兵日后在世界史册上永远地留下了自己的印记,尽管是作为一个反派角色:画家阿道夫·希特勒。

第二次世界大战前

在经历了一战的失败后,德国此前生产军备的工厂如今有了巨大的剩余产能——一战并未将德国变得满目疮痍、百业凋敝(这与第二次世界大战后的情况是不同的)。为了充分利用产能,同时也是为了消化无业的劳动力,现在必须找到适销对路的新产品。这样的境况催生出技术上的创新。位于柏林的戴姆勒发动机公司将业务重心转移到了梅赛德斯自行车的制造上——车龙头上写有"一切道路,轻松掌握"(guten Stern auf allen Straβen)。一份公司内部的研究报告显示:

"从实际角度出发,自行车在今后的许多年里都将是能够为汽车工厂带来利润回报的最佳产品……当下,以及在未来的两年里,德国的自行车工厂甚至无法满足自己国内市场的需求,更不用说将产品输送到国外的市场了。这些工厂的交货时间最长达到6个月。"

斯图加特的罗伯特·博世公司靠生产自行车前灯和发电机(用以替代难以养护的电石灯)以及摩托车电机来维持经营。格拉德飞机制造厂(Grade-Flugzeugwerke)

研发出一种装在自行车挎斗上的辅助发动机,可以驱动挎斗车轮,从而助推整辆自行车前进。标致自行车工厂赞助了飞行自行车比赛,但赛事的竞技要求不得不持续降低,否则极少有选手能在不靠助跑的前提下完成跳跃。而保罗·麦克雷迪(Paul MacCreadys)设计的人力飞行器飞跃英吉利海峡,则是五十多年后的事情了。

恶性通货膨胀结束后,柏林进入了"黄金20年代",六日赛在此期间跃升为一项具有全民欢庆氛围的重大公共活动——柏林体育宫的经营者在这件事上功不可没。体育和电影界的明星现身奢华的名流包厢,就连混迹于上流社会的小人物也明显沾到了他们的光。观赛的一个好处是,这六天当中人们就像在火车站的电影院里一样,可以随心所欲来去自由,并且不会因暂时的缺席而错过太多内容——因为比赛中的一切都在不停重复。这种观赛体验得益于频繁的途间冲刺和特别奖金的设置。在由两人组成的参赛团队中,必须始终有一人在场地内进行比赛,而此时同伴可以在自己的小隔间内休息。《维也纳普拉特乐园圆舞曲》中的若干小节,伴随着绰号"拐杖"的独腿怪人莱茵霍尔特·哈比什(Reinhold Habisch)的口哨声,成为了后来所有六日赛(包括在多特蒙德威斯特法伦会议中心举行的那场比赛)的主题曲。1934年,当纳粹分子要求将体育宫作为他们的集会场所时,柏林六日赛就此中断。纳粹德国宣传部长戈培尔正是在那里向听众提出了他那臭名昭著的问题:"你们想要进行一场全面战争吗?"

在德意志帝国于1918年投降后,位于腓特烈港的齐柏林飞艇制造厂的处境是幸运的,因为它仍被允许制造民用齐柏林飞艇,其中包括一艘送往美国提供维修服务的飞艇。当自己的孩子学会骑自行车时,齐柏林飞艇的工程师保罗·雅雷(Paul Jaray)开始认真考虑重塑目前的自行车设计,因为曲柄脚踏每转一圈都会发生两次"止点"问题:当一侧的脚踏达到最高位置时,它可以很轻易地被向前或向后踩动。但后一种情况意味着带有倒轮闸的自行车后轮存在着在行驶过程中突然被意外阻塞的危险。因此,在所谓"脚踏沿圆周转动"的情形下,骑手必须确保曲柄不停地转动。雅雷的解决方案是采用杠杆脚踏,从后轮两侧的线轴上交替拉动绳索,从而驱动后轮。此外,杠杆脚踏是紧密联动的:若其中一侧向前,那么同时另一侧就会向后。在改变驱动模式以后,雅雷还调低了座椅高度,最终设计出一辆符合人体工程学的、不会产生任何止点问题的"沙发椅自行车"(Sesselrad),它也能使骑手在上坡时更加轻松。斯图加特一家名叫赫斯珀洛斯（Hesperus）的公司制造了3000辆沙发椅自行车，主要出口到荷兰。像教师和医生这样经济条件较好的人构成了此类自行车的主要客户群体。沙发椅自行车的生产随着一场因材料缺陷引发的致命事故而终止。

在芝加哥，来自德国巴登的移民伊格纳茨·施文（Ignaz Schwinn）于1895年与肉类罐头生产商阿道夫·阿诺德（Adolf Arnold）一起创办了一家自行车工厂。进入20世纪后，经营者认为该厂的产能没有得到充分利用，因此开始制造"精益求精"（Excelsior）牌摩托车。到了20世纪20年代，不少自行车厂商都很清楚自己唯一的目标客户群体就是美国的男孩们——他们和自己的父辈一样想要一辆摩托车。工厂创始人的儿子弗兰克·W. 施文（Frank W. Schwinn）根据这一市场变化趋势做出了调整，设计出带有仿制汽油箱（里面通常装的是喇叭或收音机的电池）、前轮缓震装置和流线型车身的自行车。在到访德国以后，他从那里带回了低压轮胎，这种轮胎只需要进行轻微充气，就能够为自行车手提供舒适的骑行体验。其他美国制造商也纷纷效仿，创造出一支五颜六色、备受追捧的伪摩托车队，这是在世界其他任何地方都无法看到的景象。霍雷斯·赫夫曼（Horace Huffman）就是一位伪摩托车制造商，他在自己的"赫菲青年自行车"（Huffy-Jugendfahrrad）广告中写道："这辆车无需买家为之破费，还能帮助小伙子们赚钱。"因为他知道孩子们喜欢在早上骑自行车送报纸，以赚取零花钱。但谁又能想到，在20世纪末，当施文一手燃起的星芒早已燃烧殆尽时，这些标准自行车的变异体却构成了自行车技术史上最伟大创新的基础——山地自行车呢？

自1920年以来，查尔斯·莫谢（Charles Mochet）就一直在法国皮托生产所谓的"自行汽车"（Cyclecars），即带有钢丝辐条车轮和汽油发动机的轻型双座车。他在为儿子造出一辆靠脚踏驱动的迷你汽车后，从中得到灵感，想着也可以为成年人制造这种车辆。名为"Vélocars"的脚踏汽车即出自他手，大获成功。1925年至1944年间，他共计制造了6000辆脚踏汽车，有些是四轮的，有些则是三轮的，靠脚踏驱动，产品价格与摩托车相当，不过肯定可以免受天气影响，不烧汽油，而且免税。莫谢想在室内赛道上组织脚踏汽车比赛，但事实证明，这种车在急转的弯道上很难被驾驭。他于是又造出一辆仰卧式自行车，并将其命名为"Vélo-Vélocar"。在他设计的车型得到国际自行车联盟（UCI）确认符合规则后的第二年，一位名叫弗朗西斯·福雷（Francis Faure）的选手在赛道上用该车型的竞速版本打破了5千米、10千米、20千米、30千米、40千米、50千米以及一小时和半小时的所有纪录。随后，国际自行车联盟组建了一个委员会来规定自行车的定义，目的是将在比赛中占优势的仰卧式自行车排除在参赛范围之外。该委员会通过规定比赛器械的尺寸成功做到了这一点，确保只有传统的比赛用车才可以参加正式的自行车赛。这种在器械类体育项目中普遍存在的保守心态摧毁了莫谢耗尽毕生心血才得来的杰作，此后不久他便去世了。直到战后，美国成立了人力载具协会（HPVA），该协会组织了自己的比赛，不少业余工程师和学生参与其中并测试新技术。于是乎，一个以莫谢的设计为基础的仰卧式自行车运动场景重新出现在世人眼前。

德国纳粹党于1933年夺取政权后推行的"同质化"政策也波及到了体育协会。工人自行车协会"团结社"被解散，所属的自行车和摩托车工厂以及商店被抄没，工人和雇员皆遭解雇。六日赛再无踪影，人们却也没有采取任何抗议行动。此外，大型体育赛事往往会被当局利用，以达成宣传目的，例如1934年的世界杯和1936年的柏林夏季奥运会。来自多特蒙德的古斯塔夫·基里安（Gustav Kilian）和海因茨·沃佩尔（Heinz Vopel）曾前往美国，并在那里赢得了近30场六日赛的冠军。《人民观察家报》(*Völkischer Beobachter*)就此事写道：

"他们已经成为了自己祖国真正的旗手。他们自始至终在自己的休息室上悬挂万字旗，而不是五颜六色的浮夸标识。当这两位伟大的自行车手带着万字旗举行冠军巡游时，即使是最放肆的挑唆者和煽动者也会噤若寒蝉地肃立。"

不太忠于当局方针路线的体育名将甚至在《雅利安条款》颁布之前就已经受到制裁。自行车世界冠军、反纳粹主义者阿尔伯特·里希特（Albert Richter）在海外赛事中取得胜利时，佩戴的是曾经的德意志帝国国徽，而不是纳粹的万字标志。他在试图离开德国前往瑞士的过程中被逮捕并遭谋杀；而根据官方的说法，他则是在牢房中自杀的。

大萧条结束后，德国的自行车行业再次出现了上升势头，其中的部分原因在于国家采取经济调控手段限制了进口。1936年，欧宝在装配流水线上生产了12万辆自行车。而在前一年，所有制造商的自行车产量相加共计高达220万辆。欧宝被通用汽车收购以后，其自行车部门被出售给NSU车厂，该公司于1938年共产出包括摩托车在内的近20万辆载具，成为世界上最大的两轮车生产厂商。此外，"阿德勒"（Adler）、"布伦纳波尔"

（Brennabor）、"俾斯麦"（Bismarck）、"赛场"（Stadion）和"漫游者"（Wanderer）等品牌的自行车呈现出一个新的特点：中轴处装有双速变速器，"阿德勒"牌自行车更是搭载了三挡变速器，此车型的生产一直持续到1950年。近来，两位保时捷的工程师重新拾起了这个设计理念，他们在一位物理学家兼自行车爱好者的资助下，成立了自己的公司——"齿轮"（Pinion）。

在第二次世界大战中，自行车被再度投入使用，英国空降兵还配备了新的折叠自行车。诺曼底登陆当日，加拿大和英国的登陆艇上也存放着自行车，以便登陆后在陆地上可以快速推进。逃亡中的德国士兵征用了荷兰平民的自行车，结果这些车辆还被他们随意乱扔到路边的水沟里。从那时起，荷兰人便向他们的德国邻居提出了一个令人哭笑不得的诉求："把你们当年抢走的自行车还来！"

二战以后

二战结束后的粮食短缺迫使许多家庭前往乡村的农民那里，以获得更多的食物——途中人们通常是骑自行车。然而多年以来，人们非但没有对这位得力的帮手表示过感激，反而形成了一种羞耻感。人们不愿意再想起当年的乞讨之旅，而自行车只会时刻提醒人们记着那段不堪的往事。这也就难怪多数人在购买汽车时要将这个"警示物"尽快处理掉。尽管自行车在货币改革后恢复了生产，但只低价出售，往往是作为百货公司用以吸引顾客的促销商品。于是，这样一种经营思路逐渐传播开来，使得尽可能单独生产所有部件的品牌自行车慢慢走向消亡：批发商雇来几个人，将买来的零件和来自南斯拉夫的车架组装成带有某一商标的自行车，并荒谬地把它们宣传为"品牌自行车"。1957年，柏林市政府下了一笔巨额的自行车订单——该市政府还出于对苏联第二次实施封锁的担忧，将所谓的"市政府食品储备"存放在不同仓库中，储存期限为180天。1989年德国统一后，这些储备均被释放，存放在仓库里的5000辆NSU和磐特（Panther）自行车很快就以低廉的价格卖出。

1956年的苏伊士运河危机导致英国实行汽油配给制，这让身处英国古老温泉胜地巴斯的工程师亚历克斯·穆尔顿博士（Dr. Alex Moulton）产生了根据莫里斯牌迷你汽车的橡胶悬挂系统来重新设计自行车的想法。他的住址与接管了他父亲橡胶工厂的埃文轮胎公司（Avon Tyres）仅隔着一条与该公司同名的埃文河。自行车减震器自然受到了赛车手的怀疑，因为这一装置会消解掉选手们宝贵的几毫瓦运动功率。但有了减震器，车轮就可以做得更小，同时不会损失舒适性，再加上一个男女通用的车架，这就创造出了一辆使用便捷的迷你自行车。有了想法就要践行，"穆尔顿迷你自行车"（Moulton-Mini）于1962年诞生，与迷你裙几乎同时取得了巨大的成功。硬质的20寸小型充气轮胎拥有和大号轮胎一样优越的性能，减震器也能在颠簸的行驶路段发挥作用。在兰令公司工作了一段时间后，穆尔顿回到他宁静的庄园里，和几名员工一起研发并制造他的设计单品——这种工作状态一直延续了下去，直到他于2012年去世。一种全新的车型问世，整个自行车行业都对其进行大肆效仿——不过这种模仿是大打折扣的。实际上，只有20寸的车轮被仿制厂商沿用，不但没有减震装置，而且轮胎也采用的是常规充气轮胎，因此会产生很大的滚动阻力。最糟糕的是，仿制产品没有配备链轮相应扩大的曲柄脚踏，所以传动比依然很低，需要骑手以飞快的频率踩踏。"费希特尔&萨克斯"公司不久就推出了一种自动双速花鼓，它的直接挡位可以用于慢速的山地行驶，而快速挡位则可用于相对常规的行驶场景。由此引发了市场上20寸折叠自行车的热潮，然而它的设计存在许多有违人体工程学之处，因此很快又淡出市场。依照着如此出色的模板，一众厂商却只生产出差劲的仿制品。

与巴斯的穆尔顿差不多同一时期，城市规划师埃里克·克拉克斯顿（Eric Claxton）为斯蒂夫尼奇（这是一个位于伦敦以北5千米的新市镇，经过周密规划方才兴建）设计了一个与汽车完全互不干扰的自行车交通系统。斯蒂夫尼奇的人口密度高于伦敦市区——在24平方千米的区域内生活着72000名居民，但整个城镇没有一条街道设置了针对行人和自行车的交通信号灯或停车标志。即使是在高峰期，由行人和各种载具组成的交通系统依旧可以如此顺畅地运行，以至于给人一种道路上根本没人的印象。到了下班时间，路上既不会发生交通堵塞，也没有难闻的汗臭味，因为没有什么人或交通工具需要在行进途中停下，然后再从静止状态开始加速。个别具体的改善措施已被移植到了德国，譬如将汽车环岛和自行车环岛分流到不同路层，但像能够在斯蒂夫尼奇完美运行的那种整体理念还从未得到实现。在德国，1956年颁布的道路修建准则至今仍然适用，其包含的观点对于部分道路使用者相当不友好：

"车行道或路肩上的轻型摩托车、自行车和行人应被视为游走在边缘的障碍物，它们会挤压车行道以及路肩的宽度。"

在此期间，美国的自行车形象发生了变化。战争结束后，士兵们从法国和比利时带回了配备窄轮胎和变速器的公路自行车，它比搭载低压轮胎和倒刹花鼓的美式自行车更轻。美国总统艾森豪威尔于1955年突发严重的心脏病后，其私人医生达德利·怀特博士（Dr. Dudley White）曾在他撰写的每日病情报告中宣传自行车运动对于健康的益处："我们中的许多人，包括艾森豪威尔总统，都发现提升自行车训练量会给身体带来更好的感觉。"在上述言论的影响下，加之环保意识在这一时期逐渐觉醒，自行车得以在成年人中重获吸引力。就连施文也开始按照公路自行车的风格重新生产成人自行车——整体轻便，配备窄轮胎和变速器。美国人如今意识到，骑车时也用不挺直身子坐着，而是可以弯着腰背俯趴在车把上——即便是在空气阻力还不足以影响速度的情况下，也不妨采取这种骑行姿势。不同政府也都规划出了各式各样的自行车道，怀特在其中利用自己的声望，进一步推动了自行车基础设施的建设。

与此同时，青少年自行车的受欢迎程度从未消退。在20世纪60年代初的加利福尼亚，一些男孩开始动手改装他们的施文低压轮胎自行车，给车安上像鹿角一样高高扬起的车把手,造型十分古怪。他们可以将装报纸的口袋挂在车把上,以便在骑行途中随手可取。晨间送报仍然是他们赚取零花钱的最主要来源,而最高效的工作方法是一边骑着车,一边把用塑料薄膜裹好的报纸扔到订阅者的门前花园中。此外还有一种带靠背的"香蕉座椅",与"自行车球"运动中的车座类似。使用这类座椅的话,骑手可以坐在靠后轮处的上方,从而表演令人叹为观止的技巧动作——"后轮支撑特技"(Wheelies)。"高把靠背自行车"(High-riser)就此诞生,施文随即据此制造出了"虹"型(Sting-Ray)自行车,与之同时推出的还有"赫菲轻快车"(Huffy Dragster)。摩托车再次成为自行车模仿的对象,这次受到追捧的是哈雷·戴维森摩托车公司生产的美式机车——车身多处镀有铬合金,但前轮减震器是虚假的,徒有其表。因此兰令公司生产的这类自行车在英国也被称为"美式机车"(Chopper)。在德国的夸肯布吕克,有一家名叫吉纳斯特(Kynast)的公司生产高把靠背自行车,这种车在那里因电视剧《牧野风云》(Bonanza)而得名"宝藏自行车"(Bonanzaräder)。高把靠背自行车在全球青少年人群中引领了至少十年的潮流。

待到20世纪60年代末,高把靠背自行车在加州一股新的改装潮中被取代——年轻人热衷模仿他们骑着摩托车参加越野赛的父辈。现在的高把靠背自行车配备了摩托车车把和防滑轮胎，且通常在前后轮的两侧都有脚蹬。上管和车把表面铺上了厚厚的软垫，其目的是防止骑手受伤。自行车厂商对此迅速做出反应，马上推出了承重性能优越的小轮车（BMX，"Bicycle Motocross"的缩写）。1974年，仅在加利福尼亚就已经有13万辆小轮车和100条波浪形的赛道了。一段时间后，小轮车成功引领了全球青少年的潮流，后来甚至登堂入室，成为了奥运会的正式比赛项目。

1973年爆发的石油危机以及四个随之而来的法定无汽车日引发了民众普遍的反思。各大报纸均宣称这是以节约石油为目的的出游日，并呼吁人们在如今没有汽车的空旷高速公路上骑自行车。当时的场景充分证明了：自行车"永不停歇"！进口自日本的自行车部件有着像巧克力糖果一样精致的包装，在自行车商店布满灰尘的橱窗里一下子成了亮眼的点缀，再一次提升了自行车的科技形象。1978年，本书作者出版了二战爆发以来的第一本自行车指南——《罗罗罗自行车书》（*rororo-Fahrradbuch*），这本袖珍书的发行量达到12.8万册。次年，物流规划师扬·特贝（Jan Tebbe）在不来梅成立了全德自行车俱乐部（ADFC）。德国自行车行业持续发力，在科隆国际自行车及摩托车展览会（IFMA）上展示了设计师路易吉·科拉尼（Luigi Colani）的特别样品，以抵消人们对自行车落后的刻板印象。企业家海因茨·克特勒（Heinz Kettler）此前已经推出了一种创新性做法，即具有日式外观的铝制自行车，用焊接技术替代钎焊，因而可以实现高效生产。起初自行车商人们并不看好这件产品，他后来依托考夫霍夫百货公司（Kaufhof-Filialen）的多家门店将这款车型成功地推向市场，顾客对这一产品需求日盛，最终迫使自行车商人们回心转意。经销商们强烈地抱怨公路自行车的衬套缺乏美感，克特勒经过一番努力，终于能够用纯属多余的铝制衬套来满足经销商的审美品味，不过与此同时后者最不希望看到的事情还是发生了——法国的标致公司推出了采用无衬套设计的钢制公路自行车！然而，由于岛屿公司不能按时交付零部件，克特勒凭借其铝制自行车征服美国的雄心被迫告吹。不然，克特勒就可能顶替加能戴尔（Cannondale），成为美国人心目中铝制自行车领域的先驱。

在此期间，加州曾经的年轻人已经慢慢长大，发现在陡峭的林间小路上速降而下是一种令人兴奋的全新挑战。一位参与者这样描述道：

"在靠近山顶处，大部分弯道仍可全速通过，那种需要大约60米的距离才能完全把车停下来（除非你撞到一棵树上）的感觉令人血脉偾张。紧接着像轮滑跑道一样的直道供人享受神经紧绷状态下的刺激，即便轮胎着地，自行车也会明显失重。进入崎岖路段时，自行车起初会向侧方滑动，然后又自行纠正。骑手的反应能力和专注力将得到极大的提高，甚至可以观察到路上的每一块卵石。"

上述过程用新式的公路自行车仿制品是无法完成的，这项运动更多采用的是二战前生产的老式施文自行车的改装版，配备26寸低压轮胎。在英国和法国，类似的青年冒险活动也开始生根发芽——这么一个话题在不知不觉间传播开来。

在20世纪70年代的加利福尼亚，这项危险运动在当时的"权力归花儿"（Flower-Power-Generation）一代中愈发流行起来。一位来自旧金山的嬉皮士查理·凯利（Charlie Kelly）开始组织"重填润滑比赛"（Repack-Rennen）——在塔玛佩斯山（Mount Tamalpais）附近的林间小径上进行的自行车计时赛。他曾将比赛名称的由来告诉记者：

"我们骑着这些倒刹自行车下坡。这个斜坡非常陡峭，骑手不得不经常刹车，等到达终点时，花鼓里的润滑脂已经被蒸发殆尽。然后你不得不带着车回家，向花鼓中再次填充润滑脂（即英文'repack'）。"

因此，这类自行车不久后就换上了更加耐用的轮圈刹车和拨链变速器，还安装了摩托车车把，以便骑手可以在骑行过程中坐直。然而，由于这些"破旧车"（Clunker）的寿命很短，其供应很快就枯竭了。第一次重填润滑比赛于1976年10月21日举行，全程3千米，海拔高度相差700米。冠军的比赛用时为5分12秒，这意味着平均每小时行驶近40千米。难怪参赛选手都戴着头盔和工作手套，穿着结实的靴子。在破旧车很难买到的情况下，凯利让参赛者中一位名叫约翰·布里兹（John Breeze）的机械师重新设计出一个强化版的破旧车车架。布里兹又为宽胎自行车制造了9个镀镍车架，每个售价为750美元，并将其称为"布里兹车架"。由此诞生了第一批现代山地自行车（MTB），尽管在此期间也有其他人在制造新型的全地形自行车（ATB）。当年晚些时候，凯利和他的室友加里·费舍尔（Gary Fisher）创办了一家名为"山地自行车"（Mountain-Bikes）的公司。他们出售的自行车的车架是由另一位重填润滑比赛选手中的机械师汤姆·里奇（Tom Ritchey）手工打造的。到 1980 年已经出现了三家与之类似的公司。一家名为"特别进口"（Specialized Imports）的加州公司在日本制造了第一款批量生产的山地自行车，取名为"越障者"（Stumpjumper）。对此，芝加哥的施文公司迅速推出了"响尾蛇"（Sidewinder）车型作为对竞争对手的回应。

这种新型自行车的成功是现象级的，它开启了一股新的世界性潮流。不知为何，美国人也觉得有了山地自行车在路上会更安全。一家报纸在 1985 年写道：

"他们厚实的轮胎很少爆胎，也不会卡在路上窨井盖的缝隙中。有了高高的龙头，骑手可以坐得更直，从而更好地观赏身边世界——同时周遭环境也能更好地认识坐在车上的人。尽管这些自行车是为冒险者而打造的，但对于那些从未在公路自行车上感到过舒适的避险者来说，山地车同样是十分合适的选择。"

这项创新之所以能够得到推广，主要是由于重填润滑比赛的选手们制定了自己的规则，没有将自己的运动项目纳入自行车体育协会的管理之下。因此新的车型很容易就能采用摩托车的技术，而不需要无休止地讨论这个或那个改进之处是否属于"有损公平的优势"。于是以前相互隔绝的一些领域如今在技术上可以彼此融通。例如在德国，由于除宝马以外的所有摩托车制造商都在远东地区，位于施瓦本地区乌拉赫镇的马古拉公司（Magura）生产的摩托车刹车缺乏客户，于是现在转而生产山地自行车的碟式刹车。人们在一些古老的技术环节上突然又发现了可以改进之处，例如有着百年历史的夹型前叉车把管，这种设计在山地车颠簸的行驶中被证明是靠不住的。因此，一个性能更好、生产过程也更经济高效的车把设计应运而生，现在也用于其他类型的自行车上。很可能正是山地车的出现为自行车再一次的机动化进程铺平了道路——与120年前不同，这次的机动化是靠电力来实现的。不过那是发生在21世纪的故事了。

自行车风靡亚洲

中国目前仍是人们心目中的头号自行车王国，然而令人惊讶的是，与日本相比，中国获得这一称号的时间很晚——这要等到1949年一个信奉共产主义的人民共和国成立。其中的原因可能在于，在当时的中国已经有了人力驱动的交通工具。自1874年以来，中国和日本就有了人力车，这种车有两个并排安装的木轮，让人想起跑马比赛中使用的单座双轮马车，但它是由人而非马拉动的。后来，人力车的角色逐步由三轮脚踏车取代。在中国，别具乡村风情的独轮手推车（车轮在整辆车重心的下方）已经在道路上行驶了数千年，起初是用来武装军队，后来到了近代成为至多可以承载7名乘客或等重货物的交通工具——一种下层百姓的集体出租车。由于人力牵引价格低廉，当时的中国社会并未产生对于全新个人交通方式的紧迫需求。

在一众西方国家的殖民地以及日本，19世纪60年代末出现了第一批来自巴黎的曲柄自行车，但日本直到1892年才有了自己生产的低轮自行车（其轮胎仿照英国制式）。当地厂商有样学样，进展很快，到1904年就已经有了适配日本人较小体型的自行车。从1907年起，日本本土的自行车产量超过了来自西方的进口量。英国的"顶级"（Premier）工厂和邓禄普工厂分别在日本开设分厂。日本军队也下了大量订单。自行车成为了新的社会地位象征，而那些买不起自行车的人也能在大城市里骑进口来的出租自行车。日本甚至还像西方国家一样成立了自行车俱乐部。这一新兴行业为许多人提供了自力更生进而实现社会阶级跃升的机会。岛野庄三郎生于一个贫苦的农民家庭，15岁时就开始做刀具生意。1921年，他凭着一台借来的车床在堺市创立了岛野铁工所，占地40平方米。那时他的工厂只生产一种产品，即自行车的飞轮齿轮。二战结束后,得益于其针对轻金属采用的冷锻造技术,该公司的员工数量从400名发展到今天的12440名,成为一家生产自行车变速器和钓竿线轴的大型跨国公司。从1925年到1938年战争爆发的这段时间里,日本无可争议地成为亚洲的自行车制造中心,其产品出口到中国和印度等国。二战结束后,日本不仅占领了相机市场,还将自行车零部件市场彻底从联邦德国手中夺走,揽入自己怀中。"凯林赛"1948年起源于日本,这一赛事与由国家掌管的博彩业息息相关——据说博彩业可以为战后的国家重建提供资金。自行车行业获得了收益中的一定份额,用于在犬山建立自行车技术中心,在东京建立自行车文化中心,以及建造带有工坊的自行车连锁酒店——每隔100千米就开有一家。

自行车在中国的故事则与日本完全不同。首批环游世界的骑行者记述了面对敌视洋人的中国人时发生过的危及生命的险情——这些中国人拒斥西方列强以及西方人对中国的文化输出。自1890年起,中国的骑行者才被允许效仿这种西方人的生活方式(且只能在根据条约设有租界的港口城市),并将骑自行车视为自己社会地位的体现。不过事实可能并非如此,据几位在新加坡工作的中国铁匠说,他们早在1880年就每天骑着高轮车到船厂去上班了。然而在中国内陆地区，中产阶级无力负担价格过于高昂的进口自行车，即便有钱，也没有门路可以买到。与日本的情况有所不同，中国妇女对于自行车比较抗拒——那么这是否构成了阻碍自行车在中国普及的原因呢？这一问题难有定论。因为除了女性工人之外，大多数女人的双脚仍然是"三寸金莲"，即当时常见的"裹小脚"，用这样的脚来踩脚踏是很困难的。不过有证据表明，在中国最早开埠的上海，歌女和妓女（即那些足够有钱且反正要被社会排斥的女人）会在公共场合骑低轮自行车。男人们对自行车敬而远之的原因很大程度上在于，担心自己当众出丑或丢脸。事实上，亲自下地走路在当时的中国人看来已经很不体面了，因为有钱人会乘坐轿子或人力车。甚至到了1926年，还有一位大学教授承认，他出于节俭的目的选择步行，但会在出发时和到达目的地前乘坐人力车，这样就可以在众人面前显得自己行事与身份相称。在20世纪30年代末，部分城市中已经出现了大型的二手自行车交易市场。1936年至1938年间，一家日本公司在上海、天津和沈阳开设了三家工厂，中国的自行车工业由此建立起来。1949年新中国成立后，这些工厂被逐步国有化并纳入计划经济的管理体制之下。1958年，中国成功达成了100万辆飞鸽牌标准自行车的生产目标。直到20世纪90年代,"家家有飞鸽"才成为富裕的标准之一。飞鸽牌自行车共计销售5亿多辆,是世界上产量最多的交通工具。

历史上著名的发明权造假

在1914年之前的经济战中,拥有自行车的国家往往声称自己才是自行车的诞生地。因此,国际自行车历史会议(ICHC)在成立之初面临着繁重的工作,要甄别许多史料,有很多事实有待澄清。以下简要列出笔者所写《卡尔·德莱斯是如何发明自行车的?》(*Wie Karl Drais das Fahrrad erfand*,2017年,卡尔斯鲁厄,劳英格[Lauinger]出版社 Lauinger-Verlag)一书中提及的历史上著名的发明权造假。

"1492年达芬奇发明自行车"——1972年修复《大西洋古抄本》的过程中在第133页背面的粘贴页上发现,但在1961年检查该书时,研究人员在达芬奇的手稿中仅发现了两个互不相连的圆圈而已。(汉斯-埃哈德·莱辛,1998年)

"在伦敦以西斯托克波吉斯1642年落成的教堂彩绘玻璃上发现了自行车图案"——实际上是一个带有支架的

测量轮，其中支架被画成了第二只轮子，因此测量轮看起来很像自行车。（L. 鲍尔曼，1988 年）

"1761 年米夏埃尔·卡斯勒（Michael Kassler）发明步动车"——尚无证据可以证明，不过所指可能是 1817 年莱比锡机械师霍夫曼制作的带有转向指示器的步动车复制品。（汉斯 - 埃哈德·莱辛，2010 年）

"1791 年西弗拉克伯爵发明直行两轮车"——这辆车无法保持平衡，因为它只能直行，不能转向；人们容易把这辆车与雅克·西弗拉克（Jacques Sievrac）的轻快马车（Celerifer）相混淆，而后者直到 1817 年才获得专利权。（J. 塞雷，1976 年）

"1801 年俄罗斯铁匠阿塔马诺夫（Artamanoff）造出高轮自行车"——实际上是 19 世纪 70 年代的一辆曲柄自行车。（R. 施特雷特，1992 年）

"1817 年尼塞福尔·涅普斯（Niecephore Nièpce）发明两轮车"——实际上他只是在 1818 年贩卖法国仿制的两轮车。（D. 罗伯茨，1962 年）

"1839 年克尔克帕特里克·麦克米兰（Kirkpatrick MacMillan）或加文·达尔泽尔（Gavin Dalzell）发明后轮驱动系统"——实际上是苏格兰人麦考（McCall）在 1869 年制造的自行车，日期被人为篡改。（A. 多兹，1999 年）

"1852年费舍尔（Fischer）发明曲柄自行车"——该时间点被施韦因富特市政府篡改了，实际上应该是1869年。（汉斯–埃哈德·莱辛，1991年）

"1869年迈耶·古尔梅（Meyer Guilmet）发明通过链条驱动的自行车"——实际上是在1906年的"重返自行车"（Rétro du Cycle）博览会上初次亮相，使用电焊技术制造，因此诞生时间最早只可能在1892年。（K.小林，1993年）

图片来源

作者和出版商衷心感谢洛恩·希尔兹藏品（加拿大）慷慨分享其历史图片。

图1、24：汉斯-埃哈德·莱辛提供；

图2、3、4：曼海姆赖斯·恩格尔霍恩博物馆（ReissEngelhorn-Museen）；

图5：约阿希姆·莱辛（Joachim Lessing）提供；

图6：扬·克拉立克（Jan Kralik）提供；

图7：奈梅亨维罗拉玛自行车博物馆（Velorama）；

图8：罗格·斯特里特藏品（Roger Street collection）；

图9、10、14、15、19：洛恩·希尔兹藏品（Lorne Shields collection）；

图11、16、17、18：莱辛提供；

图12、13、20、21、22、23、25：GettyImages；

图26：阿米尔·莫哈达斯·伊斯法哈尼（Amir Moghaddass Esfehani）提供。